Ferdinand Lassalle

Arbeiterlesebuch

Rede Lassalle's zu Frankfurt am Main am 17. und 19. Mai 1863, nach dem

Stenographischen Bericht

Ferdinand Lassalle

Arbeiterlesebuch

Rede Lassalle's zu Frankfurt am Main am 17. und 19. Mai 1863, nach dem Stenographischen Bericht

ISBN/EAN: 9783743453722

Hergestellt in Europa, USA, Kanada, Australien, Japan

Cover: Foto ©Suzi / pixelio.de

Ferdinand Lassalle

Arbeiterlesebuch

Meine Herren!*)

Ihr Comité hat mich eingeladen, vor Ihnen zu erscheinen und ich habe, wie Sie sehen, dieser Aufforderung entsprochen. Denn ich hoffte, daß man mit dieser Einladung nicht blos eine leere Formalität erfüllen wolle; ich glaubte, daß man nicht schon im Voraus entschlossen sein werde, gegen mich zu entscheiden, und ich glaubte jedenfalls, daß man nicht soweit gehen würde, diese Entscheidung gegen mich im Voraus zu organisiren! Es thut mir leid, meine Herren, sagen zu müssen, daß diese meine Hoffnung sich nicht erfüllt hat: ich sehe mich in ihr getäuscht. Ich frage Sie, ist es ehrliches Spiel, wenn man von diesem Saal ausgeschlossen hat die große Masse der Arbeiter und nur Mitgliedern der Arbeiterbildungsvereine Eintritt und das Recht der Abstimmung gegeben? Welches ist denn das Interesse, das sich sowohl für mich als für das Land an den heutigen Tag knüpft? Zu erfahren, wie die große Masse des Arbeiterstandes über diese Frage denkt. Und siehe da! diese Masse ist ausgeschlossen, und eine neue Aristokratie, die man plötzlich im Arbeiterstande zur Geltung bringt, die ausgesuchte Kategorie der Arbeiterbildungsvereinler allein ist zugelassen! Sie wissen, Frankfurt hat viele Tausende von Arbeitern; der Arbeiterbildungsverein von Frankfurt hat nur circa 300 Mitglieder. Dasselbe Zahlenverhältniß findet auch in allen anderen Städten statt. Man hat also blos einer kleinen Anzahl das Recht gegeben, man hat eine aristokratische aus=

---

*) Der Redner wird bei seinem Auftreten mit lebhaftem Applaus, aber auch mit Zischen empfangen.

schließende Bestimmung getroffen! Ferner: es ist doch bekannt, meine Herren, daß man, nicht überall freilich, nicht in Frankfurt, auch nicht in Mainz, aber in den meisten Orten des Maingaues die Arbeiterbildungsvereine bereits g e g e n m i c h hat abstimmen lassen; freilich ohne daß sie meine Broschüre gelesen hatten! Was bedeutet es also, wenn man heute das Recht der Abstimmung auf Die beschränkt, die in ihrer großen Majorität bereits votirt haben? Ist das, frage ich nochmals, e h r l i c h e s S p i e l, oder ist es ein S p i e l m i t i m V o r a u s g e m i s c h t e n K a r t e n?

Sie sehen, meine Herren, ich wäre sehr berechtigt gewesen, unter diesen Umständen die Discussion abzulehnen und den Saal zu verlassen; aber ich bin entschlossen, die Schlacht anzunehmen, wo und wie man sie mir bietet! (Bravo!) Meine Herren! Mein Zutrauen zu der Macht der Wahrheit ist so groß, daß es mich nicht wundern würde, und wären Sie hierher gekommen, einstimmig entschlossen, gegen mich zu entscheiden, daß es mich nicht wundern würde, sage ich, wenn Sie ebenso einstimmig für mich votirend den Saal verließen.

Ich habe wenig Bemerkungen meinem Vortrage voraus zu senden. Ich werde, worauf Sie der Herr Präsident bereits aufmerksam gemacht hat, l a n g e sprechen. Meine Gegner haben Jahre lang ihre Theorieen vor Ihnen entwickelt; ich habe nur e i n e e i n z i g e Rede dazu, und ich werde somit immer noch im unendlichen Nachtheil sein in Bezug auf die Zeit. Aber wie lange ich auch spreche, bedenken Sie Eines. Hier steht nicht ein Mann, der Recht behalten will, sondern ein Mann, der Ihre Sache vor Ihnen s e l b s t vertheidigt.

Eben deshalb bedenken Sie auch, daß mein Vortrag nicht den Zweck hat noch haben kann, Sie zu amüsiren. Ich bin nicht gekommen, um Sie durch oratorische Kunststücke hinzureißen.

Mit Recht hebt Herr Dr. Büchner in seinem Bericht hervor, daß wir mit dieser Bewegung aus der Schönrednerei und dem Phrasennebel endlich einmal herausgetreten sind. Ich werde zu Ihrem Verstande sprechen; ich werde wissenschaftliche Thatsachen vor Ihnen aufrollen müssen und bitte daher, auch da, und gerade da, Ihre gespannteste Aufmerksamkeit meiner Rede zu schenken, wo diese trocken sein und in der Aufrollung von Citaten, Zahlen und Thatsachen bestehen wird.

Endlich, meine Herren, ich bin nicht gekommen, um Ihnen nach dem Munde zu reden, sondern um als ein freier Mann Ihnen die ganze Wahrheit ungeschminkt und, wo es nöthig ist, auch schonungslos zu sagen; und wenn Das, was ich Ihnen zu sagen hätte, Ihnen selbst mißfallen sollte, so bitte ich von Ihnen und kann es von Ihnen fordern, daß Sie mich gleichwohl mit lautlosem Stillschweigen zu Ende hören.

Der wichtigste Punkt meines Antwortschreibens, Das, aus welchem sich alles Andere mit Nothwendigkeit entwickelt, ist das von mir daselbst aufgestellte Gesetz über den durchschnittlichen Arbeitslohn. Ich sage hierüber p. 15 sq.: „Das eherne ökonomische Gesetz, welches unter den heutigen Verhältnissen **unter der Herrschaft von Angebot und Nachfrage nach Arbeit** den Arbeitslohn bestimmt, ist dieses: daß der durchschnittliche Arbeitslohn immer auf den nothwendigen Lebensunterhalt reducirt bleibt, der in einem Volke gewohnheitsmäßig zur Fristung der Existenz und zur Fortpflanzung erforderlich ist.

„Dies ist der Punkt, um welchen der wirkliche Taglohn in Pendelschwingungen jeder Zeit herum gravitirt, ohne sich jemals lange weder über denselben erheben noch unter denselben hinunter fallen zu können. Er kann sich nicht dauernd über diesen Durchschnitt erheben; denn sonst entstünde durch die leichtere, bessere Lage der Arbeiter eine Vermehrung der Arbeiterbevölkerung und somit des Angebotes von Händen, welche den Arbeitslohn wieder auf und unter seinen früheren Stand herabdrücken würden.

„Der Arbeitslohn kann auch nicht dauernd tief unter diesen nothwendigen Lebensunterhalt fallen. Denn dann entstünde Auswanderung, Ehelosigkeit, Enthaltung von Kindererzeugung und endlich eine durch Elend erzeugte Verminderung der Arbeiterzahl, welche somit das Angebot von Arbeiterhänden verringert und somit den Arbeitslohn wieder zu seinem früheren höheren Stand zurückbringt. Der wirkliche durchschnittliche Arbeitslohn besteht somit in der Bewegung, beständig um jenen seinen Schwerpunkt, in den er fortdauernd zurücksinken muß, herum zu kreisen, bald etwas über demselben, bald etwas unter ihm zu stehen." —

Dieses Gesetz ist so einstimmig anerkannt von allen Männern der Wissenschaft, seine Gründe sind so einfach und schlagend, daß ich nicht für möglich gehalten hätte, einen Widerspruch hierbei zu erfahren. Gleichwohl, meine Herren, wenn es sich darum handelt, den Arbeiter an der Erkenntniß seiner Lage zu verhindern, so geschehen die allerwunderbarsten Dinge, und so ist denn Herr Max Wirth unter Ihnen aufgetreten, der Ihnen jenes Gesetz geleugnet und es für einen lange überwundenen Standpunkt, für ein faules Ricardo'sches Gesetz erklärt hat, wie er sich ausdrückt. Das gebe ich Herrn Wirth bereitwillig zu: Hat er dieses Gesetz widerlegt, so hat er Alles widerlegt, was ich gesagt habe. Und umgekehrt, hat er es nicht widerlegt, so bleibt mit diesem Gesetz jedes meiner Worte bis zum letzten bestehen; denn meine ganze Broschüre ist, wie Ihnen Herr Wirth selbst gesagt hat, nur eine consequente, mit logischer Nothwendigkeit fortschreitende Entwickelung aus diesem Gesetz.

Welches Gesetz stellt nun Herr Max Wirth dem von mir aufgestellten Gesetz gegenüber? Er sagt: Nicht von dem in einem Volke üblichen gewohnheitsmäßig nothwendigem Lebensunterhalt hänge der Arbeitslohn ab, sondern von der **Industrieblüthe und dem Nationalkapital, von Nachfrage und Angebot.** Schon hierin liegt die ganze Täuschung, der Herr Max Wirth sich schuldig macht. Dieses Gesetz, das er Ihnen entgegenstellt, ist gar kein anderes, es ist genau dasselbe, das ich entwickelt habe, nur mit dem Unterschied, daß er die Hälfte seines eigenen Gesetzes fortläßt, um Sie zu täuschen *). Es ist natürlich wahr, der Lohn kann steigen, und er steigt dann im Allgemeinen langsam und allmälig. Aber in demselben Verhältniß, in welchem er zu steigen beginnt, steigt und vermehrt sich auch die Zahl der Arbeiter, der Arbeiterehen und der Arbeiterkinder, so daß dieser Factor, das gestiegene Angebot von Arbeiterhänden, den anderen Factor, die durch das vermehrte nationale Capital gestiegene Nachfrage nach Arbeiterhänden, binnen sehr kurzer Zeit wieder ausgleicht und der Lohn stets auf jenes frühere Maß wieder zurücksinkt. Diese Vermehrung steht so fest, daß in allen Jahren mit etwas billigeren Getreidepreisen schon, auch ohne daß der Arbeitslohn selbst gestiegen, bereits eine beträchtliche

---

*) Industrieblüthe und Nationalcapital stellen nämlich nur die Nachfrage nach Arbeit dar. Das andere Glied des Verhältnisses, das Angebot von Arbeit, wird durch die Bevölkerungsmenge dargestellt. Gerade die Herrschaft von Angebot und Nachfrage hat das Gesetz des Arbeitslohns zur Folge, das ich entwickelt und aus ihm, dem Verhältniß von Angebot und Nachfrage, entwickelt habe. Aber die Unkenntniß in ökonomischen Dingen ist bei uns so verbreitet, daß sich die entgegengesetztesten Parteien darin vereinigen, und Arm in Arm greifen mich der Frankfurter Correspondent der Kreuz-Zeitung und Hr. Feodor Streit in der Coburger Arbeiterzeitung an, daß ich das Gesetz von Angebot und Nachfrage in Abrede stelle — während ich gerade aus ihm entwickle! Gerade die Gegner sind es, welche, wie z. B. Hr. Max Wirth, jenes Gesetz verkennen, indem sie es zwar den Worten nach im Munde führen, aber bei der reellen Entwickelung, statt aus Nachfrage und Angebot, blos aus „Nachfrage" den Arbeitslohn herleiten. Hr. Streit treibt die Unwissenheit und Gedankenlosigkeit soweit, daß er mir in Nr. 20 seiner Arbeiterzeitung folgendes Citat aus John Stuart Mill gegenüberstellt: „Der Arbeitslohn ist abhängig von der Nachfrage und dem Angebot in Betreff der Arbeit, oder wie es oft ausgedrückt wird, von dem Verhältniß zwischen Bevölkerung und Capital" d. h. also genau dasselbe, was ich sage und woraus ich als Facit dieses Verhältnisses jenen Stand des Arbeitslohns ableite. Am heitersten aber nimmt sich die Gedankenlosigkeit oder Gewissenlosigkeit dieser Herren, welche mich beschuldigen das Gesetz von Angebot und Nachfrage zu leugnen, aus, wenn man erwägt, daß ich in meinem „Antwortschreiben" Seite 15 ausdrücklich sage: „Das eherne ökonomische Gesetz, welches unter den heutigen Verhältnissen unter der Herrschaft von Angebot und Nachfrage nach Arbeit den Arbeitslohn bestimmt, ist dieses:" ꝛc.

Zunahme der Arbeiterehen von den Statistikern bemerkt wird, wie Sie das später noch von John Stuart Mill hören werden. Hören Sie aber jetzt, wie unbestritten, wie einstimmig anerkannt dieses Gesetz in der Wissenschaft ist, das Herr Max Wirth als ein faules Ricardo'sches Gesetz bezeichnet. Hören Sie zunächst den Chef der französischen Bourgeois-Oekonomie, denn begreifen Sie wohl, ich werde hier nicht einen einzigen Socialisten citiren. Ich spreche nur von der Bourgeois-Oekonomie, auf deren Ausspruch allein ich mich berufe. Der Chef der französischen Bourgeois-Oekonomie, J. B. Say, sagt von dem Lohn der ordinären Arbeit Folgendes: *) „Das Angebot dieser Arbeit wächst mit der Nachfrage nach derselben. Die Nachfrage kann den Arbeitslohn ein wenig, aber sehr wenig über die Höhe bringen, welche nothwendig ist, damit die Arbeiterfamilien existiren und sich fortpflanzen können, d. h. über die Höhe, welche nothwendig ist, damit jede Arbeiterfamilie genug Kinder aufziehen kann, um Vater und Mutter zu ersetzen. Wenn der Arbeitslohn nur ein wenig über diesen Stand hinausgeht, so vermehren sich die Arbeiterkinder und das größere Arbeitsangebot gleicht sehr bald die gestiegene Nachfrage aus."

„Wenn im Gegentheil die Nachfrage nach Arbeitern zurückbleibt hinter der Anzahl von Leuten, die sich zur Arbeit anbieten, so fallen ihre Einnahmen unter den Punkt, welcher nothwendig ist, damit diese Klasse sich in gleicher Zahl erhalten kann. Die Familien, welche am meisten von Kindern und Krankheiten gedrückt sind, gehen zu Grunde; in Folge dessen fällt nun das Arbeitsangebot, und indem jetzt weniger Arbeit angeboten wird, steigt ihr Preis. Man ersieht hieraus, daß es schwer ist, daß der Preis der einfachen Handarbeit lange über oder unter dem Standpunkt bleibt, welcher nothwendig ist, um die Arbeiterklasse in der Anzahl zu erhalten, deren man benöthigt ist, woraus sich uns die Schlußfolgerung ergibt, daß die Einnahme des einfachen Handarbeiters nicht das Maß Dessen übersteigt, was nothwendig ist, um die Existenz seiner Familie aufrecht zu erhalten."

So Say. Sie sehen also, genau dieser Tanz bald etwas über, bald etwas unter dem äußersten Rande der in einem Volke gewohnheitsmäßig üblichen Lebensnothdurft, genau dieser Tanz, den ich Ihnen in meinem Antwortschreiben auseinandergesetzt habe!

Aber Herr Max Wirth hat sogar die nicht beneidenswerthe Kühnheit gehabt, sich auf Adam Smith und John Stuart Mill zu berufen, als auf solche Gewährsmänner, welche dieses Gesetz nicht anerkannt und es sogar widerlegt hätten. Hören Sie, meine Herren, welche Stirn hierzu gehört. Adam Smith sagt in seinem Werke, erster Theil, erstes Buch, achtes Kapitel: „Wenn die Nachfrage nach

---

*) Cours complet d'écon. pol. V. part. ch. X. p. 383 ed. Brux.

Arbeitern beständig wächst, so muß der Arbeitslohn nothwendig einen solchen Antrieb zur Verheirathnng und zur Vervielfältigung der Arbeiterzahl geben, daß sie im Stande sind, dieser immer wachsenden Nachfrage durch ein gleichfalls stets wachsendes Angebot zu entsprechen. Nimmt man an, daß in einer Zeit der Arbeitslohn nicht so groß ist als nothwendig, um diese Wirkung hervorzubringen, so wird der Mangel an Arbeitern ihn bald steigen machen, und nimmt man an, daß in einer anderen Zeit der Arbeitslohn g r ö ß e r sei, als für die Wirkung erforderlich ist, so wird die übermäßige Vermehrung von Arbeitern ihn b a l d a u f d i e s e n o t h w e n d i g e H ö h e z u r ü c k s i n k e n machen."
So Adam Smith.

Oder hören Sie John Stuart Mill, den größten gegenwärtig in England lebenden Nationalökonomen, auf den sich zu berufen Herr Wuth die Kühnheit hat. John Stuart Mill geht noch viel weiter darin als Ricardo. Er sagt 2. Buch, 11 Capitel, §. 2: „Ricardo nimmt an, daß es überall einen Minimumsatz für den Arbeitslohn gebe, entweder den niedrigsten, bei dem es physisch möglich ist, die Bevölkerung zu erhalten, oder den niedrigsten, bei dem ein Volk sich entschließt, dies zu thun. Er nimmt an, daß der allgemeine Satz des Arbeitslohnes sich stets nach diesem Minimum hinneigt, daß er niemals niedriger sein kann über die Länge der Zeit hinaus, die erforderlich ist, damit die geringere Bevölkerungszunahme sich fühlbar mache, und daß er nie sich lange hoch halten kann. Diese Annahme enthält Wahrheit genug, um sie für die Zwecke der abstrakten Wissenschaft zulässig erscheinen zu lassen, und der Schluß, den Ricardo daraus zieht, nämlich, daß der Arbeitslohn auf die Länge mit dem beständigen Preise der Lebensmittel steigt und fällt, ist, wie alle seine Schlußfolgerungen vom hypothetischen Standpunkt aus wahr, d. h. wenn man die Voraussetzungen, von welchen er ausgeht, zugibt. Bei der Anwendung auf die wirklichen Verhältnisse muß man indeß erwägen, daß das Minimum, von dem Ricardo spricht, insbesondere, wenn es nicht ein physisches, sondern sozusagen ein moralisches Minimum ist, selbst wieder bedeutende Verschiedenheit zuläßt." — Dies ist es gerade, meine Herren, worauf ich sie in meiner Broschüre S. 16 und 18 so nachdrücklich aufmerksam gemacht habe. Der Arbeitslohn, sagte ich, sei das unter einem Volke g e w o h n h e i t s m ä ß i g ü b l i c h e Minimum, nicht gleichstehend unter allen Völkern, weil nicht jedes Volk sich mit denselben Lebensmitteln begnügt, um zu leben, sich zu verheirathen und eine Familie zu bilden; darum ist er ein anderer in Rußland, ein anderer in Deutschland, ein anderer in England, je nach den relativen socialen Lebensnothwendigkeiten, die in jedem bestimmten Volk üblich sind. Diese also ändern sich im Laufe verschiedener Zeiten oder in der Verschiedenheit des Raumes, d. h. bei den verschiedenen Völkern; dieß aber, sagte ich Ihnen, ändert sich nie, daß Sie stets auf dem äußersten Rande des in jeder Zeit und in jedem Volke gewohnheitsmäßig erforderlichen Lebensminimum herumtanzen! Mill entwickelt dasselbe: „Wenn der Arbeitslohn, fährt Mill fort, vorher so hoch war, daß er eine Ermäßigung ertragen kann, welche aber durch ein hohes Maß der Lebensansprüche der Arbeiter gehindert wurde, so kann eine Preiserhöhung der Lebensmittel oder eine andere ungünstige Veränderung in ihren Umständen auf zweierlei Weise wirksam sein. Es kann eine Ausgleichung erfolgen durch ein Steigen des Arbeitslohnes, herbeigeführt durch eine allmälige Einwirkung auf eine vorsichtige Beschränkung der Bevölkerungszunahmen — oder der Maßstab für die Lebensweise der arbeitenden Klasse kann für die Dauer niedriger werden, falls ihre frühere Gewohnheit in Bezug auf die Volksvermehrung sich als stärker ausweisen sollte, als ihre frühere Gewohnheit hinsichtlich der Lebensannehmlichkeit. Im letzteren Falle wird ihre Benachtheiligung von Dauer sein und ihre verschlimmerte Lage wird ein neues **Minimum** werden, mit der Tendenz, ebenso wie das frühere Minimum gethan, fortzubestehen. Es ist **leider anzunehmen,** sagt Mill, — hören Sie wohl —, daß von den beiden Arten, wie die Sachen sich gestalten, die **letztere** — nämlich, daß das Lebensminimum der Arbeiter **nach unten gedrückt** wird — bei weitem die **häufigere** ist, oder jedenfalls doch hinlänglich oft verkommt, um allen Sätzen, die jedem Unglück, welches die arbeitende Klasse trifft, eine selbstheilende Kraft zuschreiben, **jede praktische Bedeutung zu nehmen.** Es liegen gewichtige Nachweise vor, daß die Lage der landwirthschaftlichen Arbeiter aus England mehr als einmal im Laufe der Geschichte **große und dauernde Verschlimmerung** erfahren hat, aus Ursachen, die durch Verminderung der Nachfrage nach Arbeit wirkten, und die nur einen vorübergehenden Einfluß hätten äußern können, wenn die Bevölkerung ihre Macht der Selbstregulirung (d. h. der Regulirung ihrer Zahl durch Verheirathung) in Gemäßheit des früheren Maßstabs der Lebensannehmlichkeit ausgeübt hätte. Unglücklicherweise hat die Armuth, worin die arbeitende Klasse während einer langen Reihe von Jahren versunken war, diesen früheren Maßstab verloren gehen lassen, und die nächste Generation, die aufwächst, ohne die frühere Lebensannehmlichkeit besessen zu haben, vermehrt sich nun ihrerseits, ohne dahin zu streben, sich dieselbe wieder zu verschaffen."

Sie sehen also, meine Herren, John Stuart Mill sagt genau dasselbe, ja er geht noch weiter als Ricardo, und selbst weiter, als ich für nöthig gefunden habe in meinem an Sie gerichteten Antwortschreiben zu gehen. Mill nimmt an, was ich dort noch zweifelhaft gelassen habe, daß in den häufigsten Fällen das Minimum der Existenzbedürfnisse, die der Arbeitslohn darstellt, **nach unten sich neigt,** daß der in einem Volke gewohnheitsmäßig übliche nothwendige **Lebensunterhalt häufiger fällt als steigt,** daß er im Lauf der Zeiten **nach unten gedrückt wird,** weil selbst die vorübergehenden

Verschlechterungen, da die Arbeiter das Kindererzeugen nicht aufgeben, die Tendenz haben, zu dauernden Verringerungen der üblichen Lebensnothdurft zu führen.

Er fährt fort: „Der entgegengesetzte Fall tritt ein, wenn durch Verbesserungen in der Landwirthschaft, Aufhebung von Korngesetzen und ähnliche Ursachen der Lebensbedarf des Arbeiters wohlfeiler und dieser in den Stand gesetzt wird, mit dem nämlichen Arbeitslohn mehr Lebensannehmlichkeiten sich zu verschaffen, als vorher. Der Arbeitslohn wird nicht unmittelbar darauf fallen; es ist sogar möglich, daß er zunächst steigen wird. Schließlich jedoch wird der Arbeitslohn so weit fallen, daß die Arbeiter nicht besser daran sein werden, als vorher, wofern sich nicht während dieser Zwischenzeit des Gedeihens der Maßstab der von dieser Klasse als unentbehrlich angesehenen Lebensannehmlichkeit für die Dauer erhöht hat. Leider kann auf einen solchen wohlthätigen Einfluß durchaus nicht gerechnet werden (sagt Mill). Es ist eine viel schwierigere Sache, die Lebensansprüche, welche die Arbeiter für unentbehrlicher ansehen als Heirathen und Familien zu haben, zu erhöhen, als solche niedriger zu stellen. Wenn die arbeitende Klasse sich begnügt, die größere Annehmlichkeit zu genießen, so lange sie dauert, aber nicht lernt, sie für ein Bedürfniß anzusehen, so wird sie sich durch Bevölkerungsvermehrung zu ihrer früheren Lebensweise wieder herabbringen. Wenn ihre Kinder früher aus Armuth ungenügend ernährt und verwahrlost wurden, so wird nun eine größere Zahl derselben aufgezogen werden, deren Concurrenz, wenn sie erwachsen sind, den Arbeitslohn wieder herabdrücken muß. Wenn diese Wirkung nicht auf solche Weise hervorgebracht wird, so geschieht dieß durch frühzeitigeres und reichhaltigeres Heirathen oder durch eine größere Zahl Geburten nach der Heirath. Alle Erfahrung stimmt damit überein, daß in Jahren mit wohlfeilen Kornpreisen bei reichlicher Beschäftigung in der Zahl der Heirathen eine bedeutende Zunahme unabänderlich stattfindet. Ich kann daher der Wichtigkeit, welche man der Aufhebung der Korngesetze, lediglich als eine Arbeiterfrage betrachtet, beigelegt hat, nicht beistimmen, noch auch irgend einem jener Projekte, wie solche in allen Zeiten vorkommen, um die Lage der Arbeiter ganz wenig besser zu stellen. Dinge, welche diese Lage nur ganz wenig berühren, machen keinen bleibenden Eindruck auf Gewohnheiten und Ansprüche der Arbeiter und sie sinken bald in ihren früheren Zustand zurück. Um bleibenden Nutzen zu stiften, muß die vorübergehende Ursache, die auf sie einwirkt, ausreichen, um eine bedeutende Veränderung in ihrer Lage zu Wege zu bringen — eine solche Veränderung, die viele Jahre hindurch empfunden wird, ungeachtet des Antriebs, den sie während einer Generation dem Bevölkerungszuwachs gibt. Wenn die Verbesserung diesen merkwürdigen Charakter hat und wenn in Folge dessen eine Generation aufwächst, welche immer an einen höheren Maßstab der Lebensannehmlichkeit gewohnt gewesen, so bildet sich die Gewohnheit dieser neuen Generation in Bezug auf Bevölkerungszunahme auf Grund eines höheren Minimums und diese Verbesserung der Lage der Arbeiter ist von Dauer." — Der bemerkenswertheste Fall dieser Art, sagt John Stuart Mill nun weiter, sei die französische Revolution gewesen. Denn durch diese habe sich ganz plötzlich eine Verbesserung eingestellt, welche die, obwohl mit beispielloser Raschheit vor sichgehende Bevölkerungszunahme noch überwogen habe. — Sie sehen also, daß John Stuart Mill ganz dasselbe sagt, was ich hierüber in meiner Broschüre S. 18 und früher gesagt habe.

(Pause.)

Ich fahre also in der Entwickelung des angefangenen Punktes fort. weil dieß gerade der Punkt von der ausnehmendsten Wichtigkeit, der principielle Punkt des ganzen Streites ist.

Eben so wenig, sage ich, hat Bastiat Etwas gesagt, was geeignet wäre, jenes Gesetz des Arbeitslohnes zu widerlegen. Herr M. Wirth beruft sich auf den Ausspruch desselben, daß mit der Entwicklung der Industrie und der Gesammtproduktion auch der proportionelle Antheil der Arbeit daran wachse.

Wenn diese Behauptung, die kein anderer Oekonom theilt, und die Bastiat nicht bewiesen hat, selbst wahr wäre, so würde sie nichts destoweniger Nichts enthalten, was nothwendig dem Gesetz des Arbeitslohnes widerspricht; selbst einmal angenommen, daß im Laufe der Jahrhunderte auch der proportionelle Antheil der Arbeit steige, so wäre damit noch keineswegs gesagt, daß auch der Lohn derselben steige; dieser kann stehen bleiben oder sogar fallen und das hinge lediglich davon ab, ob sich nicht die Zahl der Arbeiter in einem noch stärkeren Grade als der Antheil der Arbeit an der Gesammtproduction vermehrt.

Andere Gründe gegen Bastiat würden zu einem zu langen Eingehen nöthigen und ich will daher hier auf sie verzichten.

Der Gegenbeweis ist aber ganz äußerlich und kurz dadurch zu führen, daß ich die anerkannten Männer der Wissenschaft citire, die nach Bastiat geschrieben haben. Zu diesen gehört vor allen Dingen J. M. Mill, der jetzt noch lebt und dessen Stimme Sie bereits vernommen haben.

Hören sie Herrn Professor Rau in Heidelberg, den Verfasser des gelesensten Compendiums, das, ich weiß nicht in wie viel Auflagen erschienen ist.

Er sagt im Paragraph 190 seiner volkswirthschaftlichen Grundsätze:

„Die Kosten, welche dem Arbeiter im Lohn erstattet werden

„müssen, bestehen bei einfachen kunstlosen Verrichtungen nur aus
„dem Unterhaltsbedarf, bei künstlichern kommt aber noch der zur
„Erlangung der erforderlichen Geschicklichkeit vorgenommene Güter=
„aufwand hiezu. Dieser Unterhaltsbedarf muß nicht blos
„auf die Dauer der Arbeit, sondern auch auf die Jahre der
„Kindheit und Jugend bezogen werden, in welcher der künftige
„Arbeiter noch Nichts erwerben kann und überhaupt muß der
„Lohn der Arbeit zum Unterhalt der Familien hinreichen.
  „Wäre das Lohneinkommen dafür zu gering, so würde die
„arbeitende Klasse minder zahlreich werden und es würde an
„Arbeitern zu fehlen anfangen bis das geringere Angebot von
„ Arbeit den Lohn wieder in die Höhe brächte."
Und in §. 196:
  „Ein reichlicher Lohn macht es jeden Arbeiter möglich, ent=
„weder besser zu leben oder sich zu verehelichen und eine neue
„Familie zu gründen, durch welche sodann die Volksmenge ver=
„größert wird.
  „Die Annehmlichkeiten des häuslichen Lebens sind so anzie=
„hend, daß die Mehrzahl der Arbeiter durch hohen Lohn be=
„wogen wird, in früherem Alter als sonst sich zu verheirathen.
  „Dieser Umstand und die Einwanderung von andern Ländern
„pflegen in solchen Fällen in nicht langer Zeit eine beträchtliche
„Vermehrung der Volksmenge zu bewirken, welche dann das
„Angebot von Arbeitern erweitert.
  „Wenn nun das Capital nicht mit gleicher Geschwindigkeit
„anwächst, so wird unfehlbar der Lohn von seinem hohen Stand
„herabgehen müssen.
  „In der Regel sind auch wirklich die Gelegenheiten zur
„Ansammlung neuer Capitalien nicht so günstig und die Be=
„weggründe zum Sparen nicht so mächtig, daß das Ge=
„sammt=Capital eines so schnellen Anwuchses fähig
„wäre als die Volksmenge.
  „Diese wird also durch das Zurückbleiben des Capitals in
„ihrer weitern Vermehrung gehindert und deshalb ist gewöhn=
lich das Angebot von gemeiner Handarbeit im Verhältniß zum
„Begehr von solcher Größe, daß der Lohn nur den
nöthigen Unterhalt oder wenig mehr gewährt."
Meine Herrn! Herr Professor Rau sagt, wie Sie sehen, genau das=
selbe was ich, aber wie ich bereits vorhin bemerkt habe, wenn es sich
darum handelt, den Arbeiter an der Erkenntniß seiner Lage zu verhin=
bern, so geschehen die allererstaunlichsten Dinge, und so hat denn dieser selbe
Professor Rau hier in der Süddeutschen Zeitung gegen mich eine Er=
klärung erlassen, worin er mir natürlich nicht wirklich widerspricht,
denn wie Sie sehen, könnte er das nicht, ohne sich auf das Empfind=
lichste selbst zu widersprechen, worin er aber doch für ungeübte

Augen mit „wenn" und „aber" den Anschein annimmt, als widerspräche er mir!

Ich habe dieses Verfahren bereits öffentlich gerichtet, hinweisend auf die Unehrlichkeit, im Hörsal und in gelehrten Werken etwas Anderes zu sagen als vor dem Volke.

Ich habe dieß widerlegt einfach durch die Citation aus Werken des H. Rau selbst. In der Vossischen Zeitung zu Berlin ist das veröffentlicht worden, ich habe diese Entgegnung auch an die Süddeutsche Zeitung hergeschickt, die zuerst den Aufsatz von H. Rau gegen mich gebracht hat — und sie hat die Perfidie und Unehrlichkeit gehabt, meiner Erwiderung die Aufnahme zu verweigern!

(Bravo und Ordnungsrufe.)

Wenn ich mich hierüber beschwert habe, so geschieht es nur in Ihrem Interesse.

(Rufe: Schluß und Ausredenlassen. Ruhe.)

Mir kann das ganz egal sein, ob die Süddeutsche Zeitung das abgedruckt oder nicht; aber indem sie es nicht thut, hindert sie die Arbeiter daran, diese Entgegnung zu lesen.

Es ist in der ganzen Presse anerkannt, daß, wer einen Angriff bringt, die Pflicht hat, die Antwort darauf abzudrucken. (Bravo.)

Präsident. Ich muß den Herrn Redner ersuchen, sich in seinen Ausdrücken zu mäßigen, wir sind nicht hier um uns zu beschimpfen, sondern um uns über tiefgehende Fragen auszusprechen und zu verständigen. Je mehr Sie Sich mäßigen, desto größer wird der Eindruck auf die Versammlung sein. (Bravo.)

Lassalle. Ich habe Niemand beschimpft, ich habe nicht einmal von Personen, sondern von einem Institut gesprochen und dessen Unehrlichkeit gerügt. Es ist und bleibt eine hohe Unehrlichkeit, einen Angriff zu bringen und die Annahme der Antwort darauf zu verweigern und — wohin wäre es mit der Wahrheit gekommen, wenn sie sogar nicht einmal vor Arbeitern gesagt werden sollte?!

(Stürmisches Bravo und großer Lärm.)

Hören Sie einen andern berühmten Gelehrten, Professor Zachariae in seinen 40 Büchern vom Staat. Band 5. pag. 156:

„In diesem Kampf zwischen Capitalisten und Arbeitern, sagt „er, sind die Arbeiter fast immer der schwächere und daher un„terliegende Theil. Denn zufolge der Gesetze, nach welchen die „Menschengattung sich vermehrt, übersteigt fast immer das An„gebot der Arbeit den Begehr, umsomehr, da der Arme den „Entschluß sich zu verheirathen am leichtsinnigsten faßt, Nam „cantat vacuus coram latrone viator, (d. h. der Wanderer „mit leeren Taschen singt, wenn er dem Räuber begegnet; er „hat Nichts zu verlieren, darum kann er leicht singen. In demselben Sinn, meint Zachariae, verheirathet sich der Arbeiter so leicht, weil er Nichts zu verlieren hat.)

„So geschieht es fast immer, daß der Arbeitslohn zum Maße
„des ursprünglichen Arbeitslohnes so herabsinkt, daß dem Arbei=
„ter nur die Lebensnothdurft zu Theil wird. Der Ar=
„beitslohn würde noch tiefer herabsinken (und in der That ver=
„dient der Arbeiter zuweilen sogar das Unentbehrliche nicht),
„wenn er nicht durch die physische Beschaffenheit des Menschen
„auf jener Stufe erhalten würde."

Ebenso einer der gelehrtesten National=Oekonomen, Prof. Roscher
in Leipzig, sagt (System der Volkswirthschaft, 1858, pag. 308:

„Das Wort Productionskosten, welche das fortwährende Auf=
„gebot der Arbeit bedingen, umfaßt die herkömmlichen Lebens=
„bedürfnisse nicht blos der wirklichen Arbeiter, sondern auch ihrer
„Familien, d. h. also des heranwachsenden Arbeitergeschlechts.
„Wie groß die Anzahl des letztern sein müsse, hängt wesentlich
„von der Arbeits=Nachfrage ab.

„Ist diese z. B. so stark, daß nur die Erziehung von durch=
„schnittlich 6 Kindern pro Familie sie befriedigen kann, so
„muß der Lohn, außer dem Unterhalt des Arbeiters, auch noch
„die Erziehungskosten von 6 Kindern zu decken vermögen. Wo
„es üblich wird, daß Weib und Kind für Lohn arbeiten, da
„braucht der Vater nicht mehr den ganzen Unterhalt der Fa=
„milie selbst zu erwerben, es kann also der individuelle Arbeits=
„lohn geringer ausfallen.

„Sobald er unter die oben erwähnte Kostenhöhe sinkt, so
„würde sehr bald durch vermehrte Sterblichkeit und Auswan=
„derung, durch verminderte Ehe und Geburtszahl eine Ver=
„ringerung des Angebots erfolgen, die bei unverminderter Nach=
„frage den Lohn wieder steigern müßte. Auch umgekehrt wird
„sich der Stand des Arbeiterlohns hoch über jenen Kostenbe=
„trag um so schwerer lange behaupten können, je allgemeiner
„die Befriedigung des Geschlechtstriebs für den größten sinn=
„lichen Genuß und die Liebe der Aeltern zu den Kindern für
„natürliche Menschenpflicht gilt. Wo eine starke Nachfrage nach
„Menschen ist, da wird sich regelmäßig auch ein starkes Ange=
„bot von Menschen einstellen."

Sie sehen, meine Herren, welche Einstimmigkeit bei allen
Autoritäten, bei allen Männern der Wissenschaft über dieses Gesetz
herrscht, und welche unglaubliche Stirne dazu gehört, ein so anerkann=
tes Gesetz als unwahr zu bezeichnen und sich dabei noch auf Smith
und Mill zu berufen, die dasselbe selbst nachgewiesen haben. Als ich
dieselben Enthüllungen in Leipzig machte, erklärte sogar ein Blatt,
welches zu meinen leidenschaftlichsten Gegnern gehört, die Mittel=
deutsche Volkszeitung, daß in dieser Hinsicht der Beweis gegen die
Citate des Herrn Wirth von mir vollständig erbracht worden sei.

Ueberdieß, meine Herren, Robbertus hat es Ihnen gesagt, in

jenem Brief, den er an Sie gerichtet: „Alle großen Oekonomen aller civilisirten Völker haben einstimmig dieses Gesetz anerkannt."

Ueberhaupt, meine Herren, muß ich Ihnen hier ein für allemal Etwas sagen: Wenn ich Ansichten ausspreche, wenn ich Schlüsse ziehe, so kann ich irren so gut wie jeder Andere, denn ich bin kein Papst; aber dann trage ich Ihnen diese Dinge auch als meine Ansichten und als meine Schlüsse mit ihren Gründen vor und überlasse es Ihrer Vernunft, sich zu sagen, ob Sie von der Nothwendigkeit dieser Schlüsse überzeugt sind oder nicht.

So oft ich aber komme, und so oft ich in aller Zukunft noch kommen werde, und Ihnen sage: dieß und dieß ist eine von der Wissenschaft allgemein anerkannte Thatsache, — so oft ich das thue, können Sie mir dieß, daß diese Thatsache allgemein in der Wissenschaft als anerkannt gilt, immer unbedingt und auf das Wort glauben; darin kann ich Sie nicht täuschen, dagegen sichert Sie nicht nur mein Charakter, dagegen haben Sie auch noch eine andere Garantie, die ich nicht um persönlicher Ruhmredigkeit willen, sondern im Interesse der Sache und weil Sie Arbeiter sind, die von selbst davon Nichts wissen können, Ihnen hier erklären muß.

Ich habe mir in der gesammten wissenschaftlichen Welt durch mühsame und große gelehrte Arbeiten einen allgemein anerkannten und geachteten Namen und zwar in sehr verschiedenen Wissenschaften erworben; diesen Namen würde ich mit einem Schlage verlieren, wenn ich hertreten wollte und Ihnen sagen: es ist Etwas in der Wissenschaft allgemein anerkannt, was dieß nicht ist. Dem setzt sich aber Niemand aus, der sich einen solchen Namen in der Wissenschaft einmal erworben.

Fragen Sie Herrn Dr. Büchner hier, der in der Naturwissenschaft in einer ähnlichen Lage ist, ob er sich dem aussetzen würde und könnte.

Subalterne, untergeordnete Subjecte aber, obscure Scribenten, die sind freilich in einer ganz anderen Lage, diese können Ihnen sagen, was sie wollen, denn sie haben Nichts zu verlieren!

Nun werde ich Ihnen aber endlich noch einen anderen Beweis für jenes Gesetz erbringen, einen Beweis, der Sie vielleicht belustigen, vielleicht aber auch entrüsten wird.

Ich habe hier in der Hand ein Buch von Herrn Max Wirth, „Grundzüge der Nationalökonomie". Darin sagt er pag. 36:

„Der Werth der Jahres=Arbeit eines Arbeiters muß also „mindestens einer Summe gleichkommen, welche dessen Existenz „sichert.

„Um diesen Maßstab wird der Preis der Arbeit, der Arbeits= „lohn, wie um seinen Mittelpunkt ventiliren unter dem „Einfluß von Nachfrage und Angebot."

Sie sehen also, abgesehen davon, daß er ein falsches Wort ge=

braucht, — denn „ventiliren" kann in diesem Sinne nicht gebraucht werden, — sagt er wörtlich genau dasselbe, was ich gesagt und was er unter Ihnen bekämpft!

Sie sehen, meine Herren! ein Lohn=Arbeiter ist für mich etwas sehr Ehrenwerthes, aber ein Lohn=Schreiber, — — das ist eine ganz andere Sache!

(Ordnungsruf. Großer Lärm. Aussprechenlassen. Schluß, Schluß. Nein, Weiterreden.)

Präsident: Ich muß den Redner entschieden bitten, nicht Personen zu beleidigen. Diesmal hat er von einer Person gesprochen.

Lassalle: Es ist für mich eine ganz neue Erscheinung und zeigt, wohin wir gekommen sind, die Scene, die ich jetzt erlebt habe. Meine Herren, ich werde mich in der Freimüthigkeit meines Urtheils nicht irre machen lassen. (Anhaltendes Bravo.)

Ueberdieß bitte ich Sie, Eines zu bemerken.

Ich habe hier kein Urtheil über eine Person abgegeben, sondern nur eine allgemeine Sentenz gesagt.

Ich habe **nicht** gesagt, Herr M. Wirth ist ein Lohnschreiber; kein Mensch kann das gehört haben.

Ich berufe mich auf die Herren Stenographen. Ich habe nur gesagt, ein Lohn=Arbeiter ist etwas ganz Ehrenwerthes und ein Lohn=Schreiber ist etwas ganz Anderes.

Das ist eine allgemeine Sentenz.

Der Präsident hat nicht das Recht, den Sinn meiner Worte zu censiren.

(Bravo aus dem Saal und von den Logen. Schluß, Schluß. Weitersprechen.)

Präsident: Wissen Sie nicht, meine Herren, daß wir hier eine Versammlung haben, auf die halb Deutschland blickt? Lassen Sie es nicht dahin kommen, daß die Bemerkung gemacht werden muß, die Versammlung konnte nicht abgehalten werden, weil die Arbeiter nicht genug parlamentarischen Takt besaßen.

Ich habe Herrn Lassalle unterbrochen, weil er das Wort „Lohn= Schreiber" in Verbindung mit Herrn M. Wirth gebracht hat. Kein Mensch wird daran zweifeln, obschon vielleicht der Wortlaut nicht der war.

Deshalb habe ich das Recht, den Herrn Redner aufmerksam zu machen, künftig Aehnliches zu unterlassen.

Lassalle: Ich muß dem Präsidenten wiederholt bemerken, daß ihm nur die Censur über die parlamentarische Ausdrucks= weise, niemals aber über den Sinn der Rede zusteht. Darauf beruht eben die ganze Freiheit der Rede, daß man Etwas andeutet, ohne es mit directen Worten zu sagen, daß man jeden beliebigen Sinn mit parlamentarisch erlaubten Ausdrücken sagt; darauf beruht die Freiheit der Rede, wie die Gewandtheit des Redners. Wie wollen Sie sonst,

wenn Sie über irgend Etwas oder irgend Jemanden eine schlechte
Meinung haben, wie wollen Sie diese mittheilen?

(Großer Beifall aus dem Saal und den Logen.)

Ich habe Ihnen also bewiesen, daß Herr Wirth in seinem
Werke genau dasselbe sagt, was ich sage. Vielleicht kommen nun in
diesem Werke — denn ich habe es nicht gelesen — auch andere
Stellen vor, in denen wieder das Gegentheil gesagt ist. Was würde
da für ein Schluß übrig bleiben? Wie definirt Lord Byron, der
berühmte englische Dichter, den Wahnsinn? Er sei die Vereinbarung
des Unvereinbarlichen!*) — Ich habe Ihnen soeben gesagt, ich habe
dies Buch nicht gelesen und Sie könnten sich somit wundern, wieso
ich in der Lage war, Ihnen die betreffende Stelle darin nachweisen
zu können. Ich bin Ihnen daher Aufklärung darüber schuldig. In
der That, als dies Buch erschien, kam es mir zur Hand. Aber als
ich einige Seiten durchblättert, entdeckte ich sehr bald den gedanken=
losen Zusammenstoppler und warf das Buch unwillig fort, da ich
keine Zeit habe, so werthlose Zusammenstoppelungen zu lesen. Jetzt
aber, nachdem Herr Wirth überall gegen mich aufgetreten, schickte mir
ein Freund, der mehr Zeit und Geduld hat, dies Buch und bezeich=
nete mir jene Stelle. — Ich will hier eine Bemerkung machen, da
sich der Herr Präsident an meiner Ausdrucksweise gestoßen hat.
Wenn ich mich ungeschminkt ausspreche, so, werde ich deshalb nicht
persönlich, denn ich bleibe strenge bei der Sache; ich werde blos grob
und das ist ein ungeheurer Unterschied, meine Herren. Grob muß,
kann und darf ich sein, und das werde ich Ihnen beweisen. Grob
muß jeder Vertreter einer großen Sache gegen alle Solche sein, die
sich fälschend zwischen ihn und seinen großen Zweck werfen, und ich
bin entschlossen, mit geistigen Keulenschlägen Jeden zu Boden zu
schlagen, der sich zwischen Sie und mich fälschend drängt. In Ihrem
Interesse also muß ich grob sein; und ebenso kann und darf ich
es sein, denn wenn Herr Max Wirth, der mir später ja antworten
kann, auch eben so grob sein wollte gegen mich, so wäre dennoch ein
ungeheurer Unterschied zwischen Dem, was er sagt und Dem, was ich
sage. Wenn er mich z. B. gleichfalls einen gedankenlosen Zusam=
menstoppler nennen wollte, wie ich ihn, so würde das nur das un=
geheure Gelächter aller Männer der Wissenschaft erregen, die mich
kennen. Aber wenn ich ihn so nenne, so weiß jeder Mann von

---

*) Das ist also der Mann, auf dessen „Autorität" hin nicht nur die
Volks-Zeitung, sondern auch die National-Zeitung zu Berlin in einem feier=
lichen Leitartikel jenes Gesetz des Arbeiterstandes für einen „überwundenen
Standpunkt" erklärten! Mögen sie die Schande ihrer Unwissenheit jetzt
tragen!

Fach, wie ungeheuer wahr das ist, und jedes meiner Worte trifft ihn wie mit Keulenschlägen! — (Großer Beifall.)

Was ist nun die Folge jenes Gesetzes, von dem ich Ihnen nachgewiesen habe, daß es einstimmig anerkannt ist von allen Männern der Wissenschaft? Was ist die Folge desselben? frage ich. Sie glauben vielleicht, meine Herren, daß Sie Menschen sind? Oekonomisch gesprochen, und also in der Wirklichkeit, irren Sie sich ganz ungeheuer! Oekonomisch gesprochen sind Sie nichts als eine Waare! Sie werden vermehrt durch höheren Lohn, wie die Strümpfe, wenn sie fehlen; und Sie werden wieder abgeschafft, Ihre Zahl wird durch geringeren Arbeitslohn, — durch Das, was der englische Oekonom Malthus die vorbeugenden und zerstörenden Hindernisse nennt, — vermindert wie Ungeziefer, mit welchem die Gesellschaft Krieg führt! Wenn das Mitglied der pariser Akademie, M. Diannyere, schon am Ende des vorigen Jahrhunderts unter Betrachtung einer 40jährigen Zeitperiode in Paris und Lyon nachgewiesen hat, daß jedes Jahr, welches etwas nur unerheblich theurern Getreidepreise hat, die Sterblichkeit unter den Arbeitern vermehrt — was ist das zuletzt anders als der reine Hungertod? Kommt es zu dem Verein, für den ich kämpfe, so werde ich Ihnen in den großen Blättern desselben diesen Prozeß, den ich Ihnen soeben entwickelt habe, noch näher schildern.

Diesem unmenschlichen Zustande handelt es sich, ein Ende zu machen, dafür die öffentliche Ueberzeugung, dafür ein legales Mittel zu gewinnen. Aber nun, ehe ich hierin fortfahre, muß ich noch eine andere thatsächliche Grundlage meiner Broschüre gegen die höchst unberechtigten Einwürfe und Zweifel wahren, die höchst inkompetente Menschen dagegen erhoben haben.

Ich habe in meinem Antwortschreiben eine auf Grund der amtlichen Steuerlisten des Jahres 1850 von Geheimrath Dieterici veröffentlichte Berechnung mitgetheilt über die ungefähre Vertheilung des Einkommens in der Bevölkerung, eine Liste, nach welcher 89% der Bevölkerung ein Einkommen bis 200 Thlr. genießen, sich also in der allerdrückendsten Lage befinden, andere 7% der Bevölkerung immer noch in gedrückter und dürftiger Lage sind und nur 4% der Bevölkerung in wohlhabender Lage sich befinden. Was für ein Meer von Zweifeln und was für ein Sturm von Wuth hat sich nicht gegen diese meine Mittheilung erhoben! Die Einen schrieen, das sei ein besonders ungünstiges Jahr; die Andern, die Zahlen seien falsch, grundfalsch und unmöglich. Die Dritten, sie müßten mißverstanden sein. In allen Tonarten hat man sich erhoben, schäumend vor Wuth dagegen, daß ich Ihnen das minime Verhältniß, in welchem die Zahl der Besitzenden zu der unbemittelten Klasse steht, verrathen habe. Ja wohl, man will den unbemittelten Klassen ihre Zahl verschweigen, um ihnen ihre Macht zu verschweigen. (Beifall.) In dieses interessirte Wuthgeschrei haben sich auch von Wohlbenkenden und Aufrichtigen Zweifel und Zeichen äußerster Ueberraschung gemischt. Dies ist nicht wunderbar. Ich erinnere mich noch sehr gut, wie mir, als ich, was freilich vor langen Jahren der Fall war, das Erstemal zur Statistik kam, vor Verwunderung das Buch aus der Hand fiel, als ich zuerst auf ähnliche Nachweise stieß, eine wie unmerkliche Handvoll Menschen die Besitzenden in der Nation ausmachen. Ich war immer gewohnt, so viele Menschen in guten Verhältnissen vor mir zu sehen, daß ich im ersten Augenblick gleichfalls zu träumen glaubte. Aber aus meiner Unerfahrenheit darin fiel es mir nicht ein, einen Einwurf gegen wissenschaftlich feststehende Dinge herzuleiten, sondern ich ließ mich eben belehren. Die Statistik beweist eben, und das ist gerade das Verdienst der Agitation, die ich mache, daß sie Dinge, die seit vielen Jahrzehnten Eigenthum der gelehrten Kaste sind, aus der Kaste heraus auf den öffentlichen Markt wirft! Seit Jahrzehnten weiß man das in der Professorenwelt und es incommodirt keinen Menschen; aber durch eine kräftige Faust auf den Markt geschleudert — und die ganze Presse und das gesammte Land geräth darüber in eine Art von Aufruhr! Freilich ist damit nun nothwendig verknüpft, daß nun auch der ganze unwissende Mob, der nicht den geringsten Beruf dazu hat, mitzusprechen, schulmeistert, schimpft, fälscht, mich an der Nase zieht und noch dabei die Miene großer Ueberlegenheit einnimmt. Das muß man sich eben gefallen lassen. All dieser Unverstand hat kurzen Athem und vergeht; das Große und Wahre bleibt bestehen und bohrt sich durch.

Zunächst aber, — hatte man denn überhaupt den geringsten Grund zum Unglauben gegen die Zahlen, die ich Ihnen mitgetheilt? Trugen sie nicht alle Gewähr und Bürgschaft, die man nur denken kann? Ich hatte mich gehütet — und hatte Sie ausdrücklich darauf aufmerksam gemacht — Ihnen mit eigenen Berechnungen zu nahen. Zahlen freilich kann Jeder auf das Papier stellen, das kann jede beliebige Zeitung thun und das bedeutet dann eben gar Nichts! Ich aber hatte Ihnen wörtlich copirt das Resultat einer Berechnung Dieterici's, und dieser vor Kurzem verstorbene Mann war Mitglied der kgl. Akademie der Wissenschaften zu Berlin, also der ersten gelehrten Körperschaft des Landes und zwar gerade als Statistiker, um seiner statistischen Verdienste willen. Er war ferner, und zwar wieder um seiner Verdienste als Statistiker willen, von dem Staate angestellter Chef des amtlichen statistischen Bureau's zu Berlin. Er arbeitete endlich, was bei der Statistik eine Hauptsache, mit allen officiellen Hülfsmitteln des Staates, und in den amtlichen Veröffentlichungen des statistischen Bureau's ist jener Aufsatz erschienen. Ein solcher Mann versteht sein Fach. Was bedeutet also gegen die wissenschaftlichen Constatirungen dieses Mannes, der damals der Chef dieser Wissenschaft in ganz Preußen war, das wüthende Geschrei der Unwissenden:

es ist nicht wahr? Und sollte man sich nicht schämen, daß man die
Stirne hat, zu widersprechen, wo man die Bescheidenheit haben sollte,
zu lernen? Ein gewisser Herr Wackernagel, — ich würde Ihnen
nicht davon sprechen, wenn ich nicht gehört hätte, daß diese Broschüre
auch hierher gedrungen, und wenn die berliner Volkszeitung und
andere liberale Blätter diese Broschüre nicht mit größtem Jubel be=
kränzt hätten, — ein gewisser Herr Wackernagel, der gleichfalls nicht
den geringsten Beruf hat, in statistischen Dingen mitzusprechen, hat
die großartige Entdeckung gemacht, daß von fünf Klassen und einer
Zwischenstufe, in welcher das der Dietericischen Berechnung zu Grunde
liegende Klassensteuer=Gesetz vom 30. Mai 1820 die Bevölkerung
zerlegt, in der untersten Klasse die Steuer gesetzlich von zwei Perso=
nen derselben Familie erhoben werden kann, und resp. in gewissen Fäl=
len nach der gesetzlichen Bestimmung von höchstens drei. Das hat na=
türlich der Geheimrath Dieterici eben so gut gewußt, wie Wacker=
nagel, und wie dieser Umstand den Geheimrath Dieterici nicht ab=
hielt, auf diese Steuerzahl die statistische Durchschnittsberechnung zu
bauen, wie sich — wörtlich: — „die Bevölkerung nach ihrem Ein=
kommen vertheilt", so hat dieser Umstand auch mich nicht abgehalten,
von dieser Dietericischen Berechnung, die ich genau und ohne jede
Alteration copirt, und in demselben Sinn, in welchem er sie selbst
gibt, Gebrauch zu machen. Daß sich Geheimrath Dieterici durch
diesen Umstand, daß in der untersten jener fünf Klassen die Familie
bei der Steuer durch zwei, resp. in gewissen Fällen selbst durch drei
Personen vertreten sein kann, nicht abhalten ließ, auf jene Steuerliste
seine Durchschnittsberechnung der Einkommenvertheilung zu gründen,
wäre unter Anderm schon dadurch allein gerechtfertigt, daß die Kin=
derzahl in den Familien der untersten Klasse bei Weitem die größte
ist und sich hiedurch also jener Umstand wieder vollauf compensirt.
Mit welcher Unwahrheit und Kühnheit man aber von Seiten der
liberalen Presse und auch von Seiten des Herrn Wackernagel zu ver=
dunkeln und zu leugnen sucht, daß Dieterici jenes Einkommen als
durchschnittliches Familien=Einkommen hinstellt, ergibt sich
am Einfachsten daraus, daß Dieterici, nachdem er noch auf derselben
Seite, — ich habe Ihnen dieses Buch mitgebracht, es kann es nach=
her Jeder einsehen, — nachdem er also, sage ich, auf derselben Seite
das Gesammteinkommen der Bevölkerung geschätzt und hieraus die
Einnahme jener fünf Klassen berechnet hat, (eben jene Einnahmen und
Zahlen, die ich Ihnen in meinem „Antwortschreiben" mitgetheilt habe,)
**nun erst dazu übergeht, das Einkommen der Einzelnen
zu berechnen.** Er fährt nämlich wörtlich fort, wie folgt: „Und es
beträgt daher das Einkommen des Einzelnen durchschnittlich
in der ersten Klasse 860, in der zweiten 291, in der dritten 125,
in der vierten 62 und in der fünften 14 Thlr.", während die früher
nachgewiesenen und in meinem Antwortschreiben abgedruckten fünf

Klassensätze betrugen, wie Sie sich erinnern, in der ersten Klasse über 1000, in der zweiten 400—1000, in der dritten 200—400, in der vierten 100—200 und in der fünften unter 100 Thlr., so daß sich hier also auf den ersten Blick und ausdrücklich diese letzteren Sätze als durchschnittliches Familien=Einkommen darstellen, zum Unterschied von den Ihnen jetzt vorgelesenen Einkommen des Einzelnen. Die liberale Presse hat, wenn sie Wackernagel bekränzt, sich nicht einmal die Mühe gegeben, auch nur die von mir citirte Seite Dieterici's aufzuschlagen, sonst würde sie natürlich gesehen haben, welch' gründliche Entdeckung sie umjubelt!

Eben so hat Herr Wackernagel und die liberale Presse eingewendet: es sei hier nur von der classensteuerpflichtigen Bevölkerung die Rede! Meine Herrn! Zunächst habe ich zu bemerken, es ist von Procentsätzen der Bevölkerung die Rede. Was will also jener Einwurf besagen? Die classensteuerpflichtige Bevölkerung betrug damals circa 14,500,000, die mahl= und schlachtsteuerpflichtige 2,000,000 Einwohner. Wenn man nun durch die Classensteuerrollen gefunden hätte, wie sich die Einnahme unter den 14,000,000 der classensteuerpflichtigen Bevölkerung vertheilt, wieviel Procent derselben 100, 2 und 300 Thlr. haben und sofort: wenn man das gefunden hat, so wird jeder Statistiker mit dem höchsten Recht von der großen Zahl von 14$^{1}/_{2}$ Millionen auf die kleine Zahl von 2 Millionen fortschließen, und es kann dabei eine für die Gesammtbevölkerung statistisch nennenswerthe Abweichung gar nicht stattfinden. Der Procentsatz bleibt also immerhin derselbe, selbst wenn Dieterici nur von der classensteuerpflichtigen Bevölkerung spräche. Aber auch das ist nicht wahr! Sie finden auf derselben Seite, daß er bei seiner Berechnung ausdrücklich die Zahl von 16,331,187 Einwohner d. h. die damalige Gesammteinwohnerzahl des Staates unterstellt, die Zahl der classensteuerpflichtigen plus der schlacht= und mehlsteuerpflichtigen Bevölkerung! — Sehen Sie, meine Herren mit solchem Mob und solchen Entstellungen hat man zu streiten! Ich habe manche schwere Arbeit bereits hinter mir in meinem Leben, aber wenn ich ein Herkules wäre, so wäre dieß hier sicher meine Augiasarbeit. *)

---

*) Dagegen hat sich in die Anmerkung zu S. 30 meines „Antwortschreibens" ein, obwohl in seinem Resultat bis zur Unmerklichkeit geringfügiger Rechnungsfehler eingeschlichen. Ich sage nämlich in dieser nachträglich bei der Correctur in Eile hinzugefügten Anmerkung: „Immer repräsentirt hiernach der classensteuerpflichtige Kopf noch im Durchschnitt eine Familie von über 8 Personen" und gelange zu diesem Resultat dadurch, daß ich die dermalige Zahl von Classensteuerpflichtigen (4,950,454) zu der Zahl von 16,331,187 Seelen in Verhältniß brachte. Sie mußte aber statt dessen in Verhältniß gebracht werden zu der Zahl von ca. 14$^{1}/_{2}$

Weil es nun aber einmal Herrn Wackernagel und der liberalen Presse gefällt, jene Dietericische Berechnung nicht gelten lassen zu wollen und weil sich zahlmäßig nach dem vorliegenden Material nicht ermitteln läßt, wie groß einerseits in den 5 Steuerclassen die auf dieselbe Familie kommende Zahl von Steuerpflichtigen ist, und zugleich andererseits wie groß die Zahl der Familienglieder in der unteren Classe im Verhältniß zu der geringen Zahl in den obern ist, so wollen wir einmal von Dieterici's Berechnung ganz abgesehen und auf andere und noch viel schärfere Weise dieselben Resultate feststellen; dabei will ich Ihnen indeß zunächst zeigen, wie Männer von Fach- und Sachkenntniß über solchen Nachweis, wie ihn Dieterici gegeben, urtheilen.

Schon 1848 hatte Geheimrath Dieterici im 2. Band der Mittheilungen des statistischen Büreau's eine viel weniger genaue, eine weit summarischer angelegte Berechnung über die Einnahmeverhältnisse auf Grund der Steuerlisten von 1846 gegeben, wobei übrigens dießmal Einzelnsteuernde und Familien getrennt waren. Das Resultat war folgendes: daß von den Familien $2^3/_4\%$ über 1100 Thlr. Einkommen haben, 9% zwischen 500—937 Thlr. und 88% auf der untersten Stufe

---

Millionen, welche damals die Zahl der classensteuerpflichtigen Bevölkerung war, (im J. 1853 betrug dieselbe genau 14,823,356 Seelen, s. Dieterici, Bd. VII, p. 206). Dann ergibt sich, daß der classensteuerpflichtige Kopf noch im Durchschnitt eine Familie von $2,^{92}/_{100}$ Personen repräsentirt und es sind also die Worte „im Durchschnitt eine Familie von über 3 Personen" der bis zur Unmerklichkeit geringfügigen Aenderung zu unterwerfen in die Worte: „im Durchschnitt eine Familie von über $2^9/_{10}$ Personen". Und eben so berichtigen sich dann die aus der Anmerkung nachträglich in den Text eingeschalteten Worte „und fällt also durchschnittlich auf eine Familie von 5 oder mindestens 3 Personen" in die Worte: „fällt also durchschnittlich auf eine Familie von 5 oder mindestens über $2^9/_{10}$ Personen!"

Das ist der ganze Irrthum, der in jene Berechnung untergelaufen! Diesen hätte Herr Wackernagel berichtigen können und sollen, statt aller Entstellungen und all' des verkehrten Kohls, den er hierüber macht. Dieser unmerkliche Irrthum entstand einfach dadurch, daß ich, da die heutige Zahl der classensteuerpflichtigen Bevölkerung bei der inzwischen auf ca. 18 Millionen gestiegenen Gesammtbevölkerung ungefähr 16 Millionen beträgt — Zahlen, welche gerade von anderen Arbeiten her meinem Gedächtniß vorschwebten — bei der Eile der nachträglichen Anmerkung nicht mehr genau zusehend in der von Dieterici Bd. IV, p. 223 blos gelegentlich erwähnten Gesammtzahl von 16,331,187 Menschen, die Gesammtzahl der classensteuerpflichtigen Bevölkerung statt der Gesammtzahl der Bevölkerung vor mir zu haben glaubte.

ständen von 125—375 Thlr. Was die Einzelnsteuernden betrifft, so waren gar 96 % derselben der allerunterſten Claſſe zugehörig gefunden worden mit einem Einkommen von 30—60 Thlr.; höchſtens 120 Thlr. Dieterici machte dabei selbst, wie ich übrigens auch in meiner Broschüre gethan habe, darauf aufmerkſam, daß dieſe Berechnung auf eine poſitive zahlenmäßigbeſtimmte Genauigkeit natürlich als Durchschnittsberechnung keinen Anspruch habe. Herr Adam Soetbeer in Hamburg auch ein Freihändler und Bourgoisökonom, alſo ein Anhänger der wiſſenschaftl. Ueberzeugung, die ich bekämpfe, aber doch ein Mann von Fach und Sachkenntniß, ſagt, indem er dieſe früheren Liſte Dieterici's in ſeiner Ausgabe von J. St. Mill's Werken Bd. II. p. 147 abdruckt, wörtlich auf jene Bemerkung Dieterici's wie folgt: „Was aber jedenfalls aus den beiden vorstehenden Uebersichten, wie wenig ſie auch auf völlige Genauigkeit Anspruch machen können, augenscheinlich hervorgeht, iſt die a u ß e r o r d e n t l i c h k l e i n e A n z a h l der Perſonen aus den höhern Ständen und mit bedeutendem Einkommen, u n d ſ e l b ſ t d e s M i t t e l ſ t a n d e s, im Verhältniß zu der ſehr großen Menge Derjenigen, welche entweder nur einen ganz unbedeutenden Beſitz haben, oder ohne allen Beſitz ſind und, wie man ſagt, von der Hand in den Mund leben." So Soetbeer; ſo äußert ſich über dieſe Dieterici'ſche Liſte, und zwar über eine viel ſummariſcher berechnete, ein Mann von Sachkenntniß. Genau zu dieſem Behufe, zu dieſem Nachweis hatte ich Ihnen dieſe Dieterici'ſchen Berechnungen mitgetheilt, nicht zum Behuf einer arithmetiſch feſten Zahl, welche die Statiſtik weder geben kann, noch ein Intereſſe hat zu geben.

Gehen wir nun aber dazu über, die Einnahmen-Verhältniſſe der Bevölkerung jetzt in viel ſchärferer und genauerer Weiſe feſtzuſtellen, als dieß auf Grund der Steuerliſten pro 1850 noch möglich war. Ich hatte in meinem Antwortſchreiben jene Dieterici'ſche Berechnung nur ausgewählt, weil ihr Reſultat in wenigen kurzen Zeilen mitgetheilt werden konnte; durchaus nicht deßhalb, weil ſie mir für meinen Zweck günſtiger geſchienen hätte, als andere Berechnungen. Jetzt aber werde ich Ihnen eine andere Berechnung geben, ſo u n e r b i t t l i c h ſ c h a r f, daß nichts mehr bei ihr verdunkelt und verwirrt werden kann, eine Berechnung viel genauer und poſitiver als jene ſtatiſtiſche Durchſchnittsberechnung; und nur noch ungenau in d e m S i n n, daß ſie die Zahl der Bemittelten noch größer erſcheinen laſſen wird, als ſie in Wirklichkeit ſein kann. Wir wollen nämlich ſtatt des durchſchnittlichen Verhältniſſes der G e ſ a m m t b e v ö l k e r u n g etwas Anderes berechnen, was in der Statiſtik immer viel leichter iſt.

Wir wollen nämlich einmal die Z a h l d e r B e m i t t e l t e n in der Nation berechnen und ſehen, was und wie viel dann für die Unbemittelten übrig bleibt. Wir haben zu einer ſolcher viel ſchärferen Berechnung in dem neuen preuß. Claſſen- und Einkommen-Steuer-Gesetz vom 1. Mai 1851 eine vortreffliche, viel genauere Grundlage bekommen, als das alte Classensteuergesetz von 1820. Nach diesem Classen- und Einkommensteuer-Gesetz, meine Herrn, wird Jeder, der über 1000 Thlr. Einkommen hat, in ganz Preußen zur classificirten Einkommensteuer eingeschätzt. Im Jahre 1854 hat der Staat die Resultate der Steuerliste pro 1853 im statistischen Büreau, Band 7, p. 179 bis 195, veröffentlicht. Wie viel Personen, glauben Sie nun wohl, waren damals in ganz Preußen, d. h. auf 17 Millionen Menschen, welche über 1000 Thlr. Einkommen hatten? Nicht mehr als die lächerlich kleine Zahl von 44407 Personen. Dieß ist nicht mehr eine Durchnittszahl, meine Herrn, dieß ist eine absolute Zahl, durch Addition gefunden, nicht durch Berechnung. Man kann freilich sagen, daß vor der Steuer Jedermann ein Interesse habe, sein Einkommen zu verbergen. Aber andererseits hat der Staat, da es sich dabei um seine Einnahme handelt, ein großes Interesse und viele Mittel in Händen, um diese Einnahmen auch richtig zu schätzen.

Man hört besonders bei uns in Preußen sehr viel klagen über Ueberschätzung bei der Steuer, und in der That sind nicht alle Leute in der Lage, nachweisen zu können, daß sie überschätzt sind, und nicht Alle wollen es, um nicht ihrem Credit zu schaden, so daß die wirkliche Annahme die sein muß, daß sich die Ueber- und Unterschätzten im Ganzen compensiren. Nehmen Sie aber selbst an, es bleibe noch ein surplus, eine Ueberzahl von Ueberschätzten übrig, nun, wie groß könnte die sein? Doch höchstens wieder ein Procentsatz der ganzen Zahl! Nehmen Sie 2 oder 3 Procent oder selbst 5 Procent. Wenn Sie selbst 5 Procent annehmen, so gäbe das bei einer Zahl von 44407 Personen nochmals 2000 Personen, also eine Zahl, die für unsere Berechnung gar nicht in Betracht kommt. Geh.-Rath Dieterici sagt, indem er dieß Resultat mittheilt, nach dem Abdruck der specificirten Liste, die ich gleichfalls zur Stelle habe und die Jeder hier einsehen kann, wörtlich: „Es sind hiernach überhaupt 44407 Personen zur classificirten Einkommensteuer veranschlagt. Nimmt man an, daß jede Person eine Familie oder einen Hausstand von 5 Personen repräsentirt, so sind dieß überhaupt 222,035 Seelen und von der Gesammtbevölkerung des Staates nur $1\tfrac{3}{10}\%$, welche als Wohlhabende bezeichnet werden können." Dieß sind die eigenen Worte Dieterici's, die Sie hier nachlesen können. Also, wie sehr auch die liberale Presse zu fälschen suchen möge, es bleibt schon dabei! Sie hören Dieterici: es sind noch nicht $1\tfrac{1}{3}$ Procent der Bevölkerung, die als wohlhabend bezeichnet werden können, und dabei gelangt Dieterici sogar zu dieser Zahl von $1\tfrac{1}{3}$ Procent nur, indem er annimmt, daß Jeder jener 44,407, die über 1000 Thaler Einkommen haben, eine Familie von 5 Personen repräsentire. Das ist aber offenbar eine viel zu reichliche Annahme. Einmal sind viele Einzelsteuernde dabei, dann ist auch im Durchschnitt die Zahl der Familien-Mitglieder in der oberen, in der besitzenden Classe, viel geringer, als 5. Aber gehen wir weiter. Dieterici hat zwar ganz Recht, daß Jeder, der auf die Familie von fünf Köpfen nicht einmal 1000 Thaler Einkommen hat, durchaus nicht als wohlhabend bezeichnet werden kann; aber begnügen wir uns dabei nicht, gehen wir tiefer ein, berechnen wir die große unbemittelte Classe. Alle, die unter 1000 Thaler Einkommen haben, werden nach demselben Gesetze zur neuen Classensteuer herangezogen, und zwar sollen nach der Circular-Verfügung des Finanzministers vom 8. Mai 1851 Alle, die unter 500 Thaler haben, zu den beiden untersten Classen der Classensteuer geschätzt werden, und Alle, die nur 500 Thlr. oder darüber haben, in gewisser Abstufung zur 3. Classe. Die Gesammtzahl der zur 3. Classe Eingeschätzten betrug nach denselben, von dem Staate veröffentlichten Listen nicht mehr als 91,530 Personen. Hier muß ich bemerken, daß diese Zahl keine Procentzahl ist. Hier kommt also in Betracht, daß diese Zahl nur auf die classensteuerpflichtigen Ortschaften sich bezieht, nicht auf die Mahl- und Schlachtsteuerpflichtigen, die freilich nur ein geringer Bruchtheil der Bevölkerung sind. Die Bevölkerung der classensteuerpflichtigen Ortschaften betrug in jenem Jahre 14,800,000 Seelen und die der mahl- und schlachtsteuerpflichtigen nur circa den achten Theil davon, nämlich 1,800,000 Seelen*). Berechnen wir also, daß es unter der mahl- und schlachtsteuerpflichtigen Bevölkerung im Verhältniß ebensoviele Leute von 500 Thlr. Einkommen gibt, wie in der classensteuerpflichtigen, eine Berechnung, die Dieterici wiederholt macht und die allgemein in der Statistik üblich ist, — so erhalten wir noch 11260 Personen in dem ganzen Staat mit 500-Thaler Einkommen, zusammen 102,790 Personen. Nehmen wir nun an, daß jede derselben wieder eine Familie von 5 Personen repräsentirt, obgleich dieß doch nicht der Fall ist, da viel Einzelsteuernde und viele von schwächeren Familien dabei sind, so gibt das 513,950 Seelen, also nicht mehr als circa 3 Procent der Bevölkerung. Wer nun nicht einmal 500 Thaler Einkommen auf die Familie von 5 Köpfen hat, nun, der ist doch gewiß in gedrückter, dürftiger, unbemittelter Lage! Was ist also das Resultat dieses ganz genauen und positiven, nicht auf Durchschnittszahlen beruhenden Nachweises?

$1^{3}/_{10}$ Procent und Bevölkerung mit einem Einkommen von über 1000 Thaler und

3 „ mit einem Einkommen von über 500 Thaler und darüber,

Summa: $4^{3}/_{10}$ Procent der Bevölkerung.

Der große Rest, also $95^{7}/_{10}$ Prozent der Bevölkerung

---

*) S. Dieterici stat. Bür., Bd. VII, p. 206 sq.

mit einem Einkommen von **unter 500 Thaler auf die Familie von 5 Personen**! also jedenfalls in gedrückter, dürftiger Lage, jedenfalls zu den ganz unbemittelten Classen gehörend! Was hatte ich Ihnen in meinem Antwortschreiben gesagt? 89—96 Procent der Bevölkerung in gedrückter Lage. Es bleibt dabei, wie Sie sehen, und stellt sich fast noch schlimmer heraus, und wenn Herr Wackernagel und die liberale Presse vor Wuth über ihre vergeblichen Fälschungsversuche auch bersten!*) Ja wohl, meine Herren. Man will Ihnen Ihre **Zahl** verbergen, um Ihnen Ihre **Macht** zu verbergen, denn **Nichts** fehlt Ihnen zur Macht, als das **Bewußtsein**! Darum eben besteht überall eine Verschwörung gegen Sie, Ihnen diese Thatsachen und Zahlen zu fälschen; aber ich werde alle Fälschungen zerstören, und möge man platzen vor Wuth! Ich will wegen der vorgerückten Zeit anderes statistisches Material über diese Frage, welche dieß noch viel genauer erwiesen hätte, fortlassen, aber kann dieses Resultat denn überhaupt Verwunderung erregen? Jeder, der im geringsten Statistik getrieben, weiß, daß dem so ist und in allen großen Staaten ganz so ist, wie bei uns, und es gehört die größte Unerfahrenheit in der statistischen Literatur dazu, dieß zu bezweifeln oder darüber verwundert zu sein. Es constatirt z. B. der Präsident Lette in Berlin, den meine Gegner ja um so mehr gelten lassen müssen, als er eine ihrer Autoritäten ist, in seinem Werke über die Vertheilung des Grund-Eigenthums, daß nach der neuen Constatirung in Frankreich 346,000 ländliche Wohnungen gezählt werden, welche **gar kein Fenster**, sondern nur eine Thür haben, und 1,817,328 ländliche Wohnungen, welche nur **ein Fenster** und eine Thür haben, also 2,163,328 Wohnungen, deren Einwohner, die man hiernach auf über 10 Mill. Menschen schätzen muß, im **höchsten menschlichen Elend** sich befinden. Nach dem französischen Statistiker Baron v. Morogues haben 7,500,000 Menschen in Frankreich jährlich nur 91 Frcs., d. h. 24 Thlr. 4 Sgr. zu verzehren. Wenn Sie das Werk nachsehen, welches der preußische Staat im Jahre 1849 veröffentlicht hat, betitelt die ländliche Arbeiterfrage von Prof. v. Lengerke, hervorgegangen aus den Berichten der landwirthschaftlichen Vereine in ganz Preußen, so werden Sie sehen, daß sich unsere ländliche Bevölkerung genau in derselben Lage befindet. Ich unterlasse, Ihnen Mittheilungen daraus zu machen, die ich vorbereitet hatte, weil die Zeit bereits zu sehr vorgeschritten ist.

Freilich, selbst einer der aufgeklärtesten Geister, die sich heute unter uns befinden, warum sollte ich ihn nicht nennen, es ist

---

*) Ueber die **neuesten** Fälschungen des Herrn Wackernagel in der „Deutschen Allg. Ztg." vom 7. Juni sieh im Anfang den Aufsatz: „Herr Wackernagel und der moderne Herostratus."

Dr. Büchner, — hat mir geschrieben: Ich will Dieterici's Zahlen nicht bezweifeln, aber das muß ich sagen, wenn das so ist, so begreife ich nicht, warum die Hälfte der preußischen Bevölkerung nicht schon lange Hungers gestorben ist!

Ich werde ihm eine Antwort hierauf geben, blendend vor Einfachheit; eine Antwort, die ihn umsomehr zufriedenstellen wird, als er sich selbst schon an einer Stelle seines Berichtes auf eine Erwägung ähnlicher Art hingestoßen hat. Hungersterben, meine Herren, kann in einem doppelten Sinne genommen werden. Ja, so im Augenblick hinfallen, todt sein im Moment vor Hunger, — das geschieht sehr selten; aber wenn man fortdauernd eine größere Verausgabung von Kräften vornimmt, als man in Folge zu schlechter Lebensmittel und einer zu schlechten Lebensweise überhaupt wieder ersetzen kann, wenn also die Ausgabe von Kräften beständig die Einnahme überschreitet, so stirbt man auch Hungers im Laufe der Zeit. Das Nähere hiervon kann Ihnen Herr Dr. Büchner, der ein berühmter Physiologe ist, viel besser im Einzelnen auseinandersetzen, als ich. Nur daß dieses Hungersterben dann gerade so lange dauert, daß man vollauf Zeit hat, Kinder in die Welt zu setzen. So vermehrt sich die Bevölkerung und die Arbeiterclasse, und der Prozeß des Hungersterbens ist dennoch ein permanenter. Daß dieß aber der Fall und inwiefern dieß der Fall, das werde ich Ihnen jetzt durch schlüssige Thatsachen belegen.

In England ist die mittlere durchschnittliche Lebensdauer nach Mac Culloch*) $34^1/_3$ Jahr. Aber in den Fabrikstädten, wo die Arbeiterbevölkerung überwiegt, da steht die Sache ganz anders: in Leeds ist der Durchschnitt der mittleren Lebensdauer 21 Jahre; in Manchester 20, in Liverpool gar nur 17 Jahre. Sie finden diese Thatsache in den Berichten, welche die Untersuchungscommissionen des englischen Parlaments selbst veröffentlicht haben. Damit aber Niemand sagen kann, daß ich ihn auf ein zu schwer zugängliches Material hinweise, so werde ich bemerken, daß Sie diese Daten in Kürze mitgetheilt finden können bei Rau, Volkswirthschaftslehre, Band 1, § 524. Aber noch ganz andere Resultate erblicken Sie, wenn Sie in denselben Städten die Sterblichkeit der verschiedenen Classen betrachten. Untersuchen wir also die Sterblichkeit in derselben Localität.

In Preston stirbt unter den Reichen und höheren Beamten jährlich 1 auf $47{,}^{39}$, unter den kleineren Gewerbsleuten aller Art jährlich 1 auf $31{,}^{63}$ und unter den Lohnarbeitern jährlich 1 auf $18{,}^{28}$. In Brüssel unter den höheren Ständen jährlich 1 auf $50{,}^6$, unter den kleinen Gewerbsleuten jährlich 1 auf 27 und unter den Tagelöhnern 1 auf 14 jährlich. Sie können dies bei Ducpetiaur, dem berühmten Ge-

---

*) Statist. Account. I, p. 416.

neralinspektor der belgischen Gefängnisse, finden*). Oder blicken Sie auf Paris. In dem zweiten Arrondissement stirbt jährlich 1 auf 71, in dem 12. Arondissement, dem ärmsten Viertel der Stadt, jährlich 1 auf 44**). Gehen Sie nach Manchester: da theilte der Arzt Holland die Straßen in 3 Classen und jede Classe nach der Güte der Wohnung in drei Unterclassen, und die Sterblichkeit variirt von 1 auf 51 in der besten, zu 1 auf 25 Menschen in der schlechtesten Wohnungsclasse***). Sie sehen, es verhält sich so, wie ein berühmter Franzose gesagt hat: „Aisance est vitalité", „Wohlstand ist Lebenskraft". Sie können aus der Sterblichkeit in Ihrer Classe schließen, um wie viel geringer Ihre durchschnittliche Lebensdauer ist als die der Reichen; aber ich will Sie nicht auf einen Schluß verweisen. Ich will Ihnen das in Zahlen mittheilen. Im englischen Parlamentsbericht von 1842 hat Dr. Chadwick die Bevölkerung in 3 Classen zerlegt, eine gut situirte, eine mittlere und eine dritte, die von dem Arbeiter gebildet wird. Er hat nachgewiesen, daß bei diesen 3 Classen die mittlerer Lebensdauer folgende ist: In Manchester für die 1. Cl. 38 Jahre, für die 2. Cl. 20 und für die 3. Cl. 17 Jahre; in Leeds 1. Cl. 44 Jahre, 3. Cl. 19 Jahre; in Liverpool 1. Cl. 35, 3. Cl. 15 Jahre; in dem District Bethnalgreen in London 1. Cl. 45, 3. Cl. 16 Jahre. Sie können dies bei Ducpetiaux finden †). Glauben Sie aber nicht, es sei dieß blos im Ausland so. Gehen wir nach Berlin, da lebt jetzt Geheimrath Engel, zur Zeit der erste Statistiker Deutschlands; der publicirt in den Zeitschriften des statistischen Büreaus, Jahrgang 1862, — also ganz nagelneu — eine Tabelle über die in Berlin im Jahre 1855 bis 1860 Gestorbenen und berechnet dann das Durchschnittsalter, das in den verschiedenen Berufsclassen erreicht wurde: demnach erreichen die Rentiers und Particuliers durchschnittlich ein Alter von $66\frac{1}{2}$ Jahren, die Maschinenbauer nur eines von $37\frac{1}{2}$ Jahren, die Buchbinder sogar nur von 35 und die Tabakspinner, Cigarrenmacher endlich nur eines von 31 Jahren. Und dennoch hat man in Berlin fertig gebracht 500 Arbeiter, — man hat sich freilich sehr gehütet, mich aufzufordern unter sie zu treten — gegen mich entscheiden zu lassen, es dürfe ihnen nicht geholfen werden! Und noch ist ein fünfjähriger Zeitraum viel zu kurz, um das Verhältniß in seiner ganzen normalen Schärfe hervortreten zu lassen. Auch ist noch Berlin keine eigentliche Fabrikstadt und wir gehen noch ganz andern Zuständen entgegen. Von der großen

---

*) Ducpétiaux, de la mortalité a Bruxelles, 1844

**) S. Villermé im „Journal des Economistes", Novbr. 1853.

***) Report of inquiry into the state of large towns and populous districts, s. Roscher 1, p. 477.

†) Ducpétiaux de la condition physique et mor. Tom. I, p. 176.

Fabrikstadt Mühlhausen im Elsaß hat der berühmte französische Statistiker Villermé nachgewiesen, daß die wahrscheinliche Lebensdauer der Kinder der Fabrikanten das Alter von 30 Jahren beträgt. Mit anderen Worten, daß die Hälfte der Fabrikantenkinder, die in einer zwölfjährigen Periode geboren wurden, dieses Alter erreicht hat, während die wahrscheinliche Lebensdauer der Kinder der Spinner, der Weber, der Schlosser in Mühlhausen noch nicht zwei Jahre beträgt. Mit anderen Worten: daß die Hälfte der Kinder der Spinner, Weber, Schlosser in Mühlhausen vor dem vollbrachten zweiten Lebensjahre stirbt!*)

(Rufe: Schluß. Schluß. — Weiterreden. Weiterreden.)

Präs. Dr. Büchner: Ich muß Sie sehr bitten, m. H., den Redner nicht zu unterbrechen. Bedenken Sie, daß wir Herrn Lassalle allen Raum zu seiner Vertheidigung bewilligen müssen, dessen er bedarf.

Lassalle: Ich muß gegen das Wort protestiren, welches dem Herrn Präsidenten entschlüpft ist und das er wohl selbst nicht wird aufrecht halten wollen. Ich stehe hier nicht in der Lage eines Angeklagten der sich zu vertheidigen hat. Ich stehe lediglich in der Lage eines Mannes, der Sie unterrichten und belehren will, und nicht der sich vertheidigt! (Großer Beifall.) Ueberdieß bedenken Sie, daß ich nicht zu meinem Vergnügen spreche. Ich bin bereit, sofort aufzuhören, wenn die Majorität der Versammlung es will. (Wiederholter Beifall.)

Ducpetiaur sagt**): „Die Hälfte der Spinnerkinder stirbt, ehe sie das erste Jahr zurückgelegt haben, während bei Unternehmern und Kaufleuten die Hälfte der Kinder das Alter von 30 Jahren erreicht." Wenn Ihnen Ihre Kinder sterben, m. H., so glauben Sie, das sei ein Zufall. Es ist kein Zufall, wie Sie sehen, es ist ein eisernes statistisches Gesetz, wurzelnd in Ihrer schlechten Lage! Lassen Sie mich diesen Abschnitt mit den Worten des neuesten Bevölkerungsstatistikers, Professor Wappaeus in Göttingen, schließen, er sagt in seinem 1858 erschienenen Werk: „Allgemeine Bevölkerungsstatistik***): „Aus diesen musterhaften Untersuchungen — er spricht nämlich von Villermé, dessen Resultate ich Ihnen soeben mitgetheilt — geht unter Anderem hervor, daß unter den Fabrikarbeitern die in Spinnereien und Webereien beschäftigt sind, in allen Lebensperioden die größte Sterblichkeit sei. Während nach den Daten der zwölfjährigen Periode von 1823—34 die Hälfte der Kinder der Fabrikanten das 29. Jahr erreicht hat, hat die Hälfte der Kinder der Spinner und Weber, man wagt es kaum zu glauben vor dem beendigten 2. Lebensjahr zu existiren aufgehört! Diese

---

*) Villermé, Tableau de l'état phys. et mor. T. II, p. 374—386. Ducpétiaux, de la cond. T. I, p. 175.

**) A. a. O.

***) Bd. I, p. 318.

furchtbare Sterblichkeit ist dem Elende der Eltern zuzuschreiben und besonders demjenigen der Mütter, welche ihre Säuglinge jeden Tag nur während der geringen Zahl der Stunden, die sie bei ihnen zubringen, die Brüste geben können und sie während der übrigen Zeit ohne alle Pflege lassen. Als anderes Resultat der Untersuchung ergibt sich auch hier wieder, daß der verhältnißmäßige Tribut, welcher dem Tode bezahlt wird, immer in directem Verhältnisse steht zu der schlechten Lebenslage in der man sich unter sonst gleichen Umständen befindet."

Sie sehen, m. H., die Männer der Wissenschaft zittern, indem sie dies furchtbare Resultat niederschreiben — und wenn Ihnen nun an Weib und Kind und an Ihrem eigenen Dasein Nichts liegt, Alles zu Gunsten der eigennützigen Manchester-Theorie, daß der Staat nicht in die gesellschaftlichen Verhältnisse eingreifen dürfe — nun dann entscheiden Sie meinetwegen gegen mich! (Pause.)

Obgleich ich selbst das Bedürfniß empfinde, meine Herren, endlich mit der Statistik zu Ende zu kommen, so muß ich doch noch einen kurzen statistischen Blick auf die Frage werfen, ob es wahr, was die Herren Bastiat, Schulze, Faucher, kurz die Manchester-Männer, Ihnen vorsingen, dieses Eiapopeia, daß mit dem Fortschritt der Industrie und des Nationalreichthums auch Ihre Lage sich entsprechend verbessere. Nur wenige Daten: bis zum Jahre 1783, also bis zum Aufkommen der Fabriken, war die mittlere Lebensdauer in Preston, wie in den englischen Parlamentsberichten nachgewiesen ist, $31 \frac{2}{3}$ Jahre, seitdem ist sie an diesem Orte auf $19\frac{1}{2}$ Jahre gefallen. Sie können dieß bei Rau Thl. 1 §. 389 b nachsehen. So sehr hat sich Ihr Loos verbessert durch das Steigen des Nationalreichthums und der Max Wirth'schen Industrieblüthe! Oder betrachten Sie, um die relative Ungenauigkeit der Sterblichkeitslisten aus verschiedenen Zeiträumen zu vermeiden, die Ausweise der englischen Armen-Steuerlisten. In welchem Lande hat sich der Nationalreichthum, das Nationalkapital stärker entwickelt, als in England? Betrachten Sie nun folgende Zahlen. Nach den officiellen englischen Armensteuerlisten wurden 1840 $8\frac{2}{10}$% der Bevölkerung, drei Jahre später, 1843, schon $9\frac{1}{2}$% der Bevölkerung, und fünf Jahre später, 1848, schon $10\frac{4}{5}$% der Bevölkerung aus öffentlichen Mitteln unterstützt[*]). Also, meine Herren, bemerken Sie wohl: nicht die Zahl der aus öffentlichen Mitteln Unterstützten blos ist gewachsen, das wäre ganz natürlich wegen des Wachsens der Bevölkerung selbst, sondern die Verhältnißzahl ist gewachsen. Auf dieselbe Zahl von Personen kommen 1843 und 1848 mehr, und zwar 25% mehr Arme, aus den Armenmitteln Unterstützte, als im Jahre 1840. Sie sehen also, es verhält sich so, wie ich Ihnen in meinem Antwortschreiben gesagt habe. Ihre Lage in einer Gesellschaft, in welcher Jeder auf

---

[*]) S. die Listen im II. Bd. der Soetbeer'schen Ausg. von J. St. Mill.

seine individuellen Hülfsmittel gewiesen bleibt, geht nicht nach oben mit dem Steigen des Nationalreichthums. Sie sehen, es ist so, wie Rodbertus Ihnen noch schärfer sagt: „Die Richtung Ihrer Lage in einem sich selbst überlassenen Verkehr geht nach unten."

Und wie sollte dieß nicht der Fall sein? Je mehr die große Industrie sich entwickelt, desto mehr setzt sich die große Fabrikation, d. h. die Fabrikation mit Maschinen und großem Kapital, an die Stelle des kleinen selbstständigen Handwerks, und desto mehr werden also die Leute aus selbstständigen Handwerkern in Lohnarbeiter verwandelt. Ferner: selbst innerhalb des Handwerkes findet durch die industrielle Entwickelung dieselbe Erscheinung statt, daß auch das Handwerk selbst in einer fabrikartigen Weise betrieben wird, d. h. mit großem Kapital und mit einer sehr großen Anzahl von Gesellen, so daß also immer weniger Leute zur Selbstständigkeit und zur Arbeit auf eigene Rechnung gelangen. Dieses will ich Ihnen wiederum sofort zahlenmäßig statistisch nachweisen. Im statistischen Bureau von Dieterici B. 7. S. 328 finden Sie auf Grund der amtlichen Gewerbstabellen Preußens einen Nachweis über die Veränderung in der Zahl der Meister und der Gesellen in Preußen in den drei Jahren 1849—1852. Die Bevölkerung überhaupt hat in jenen drei Jahren zugenommen um 3,30 %, die Zahl der Meister blos um 3,28 %, also nicht ganz Schritt gehalten, sondern sich etwas verringert im Verhältniß zur Entwickelung der Bevölkerung; die Zahl der Gesellen aber hat zugenommen um 9½ %. Mit anderen Worten: die Zahl der Gesellen hat sich dreimal so stark vermehrt, als die Bevölkerung und dreimal so stark als die Zahl der Meister, d. h. übersetzt aus der Zahlensprache in die Wortsprache: auch das Handwerk verliert mehr und mehr den goldenen Boden, den es im Sprüchwort und früher einmal auch in der Wirklichkeit hatte. Auch im Handwerk greift der fabrikartige Großbetrieb immer mehr um sich, bei welchem immer mehr Gesellen auf einen Meister kommen und immer weniger Leute zur Arbeit auf eigene Rechnung durchdringen; und somit verschlechtert nothwendig die Entwickelung der Industrie auch die Lage der Handwerker. — Ferner aber: mit der Entwickelung der Industrie steigt die Bevölkerung, und je mehr die Bevölkerung steigt, desto mehr steigt der Preis des Getreides und mit ihm hält der Arbeitslohn nur sehr unvollkommen Schritt, worüber ich Sie auf die Geschichte der Preise von Tooke verweisen will. Ich hatte Mittheilungen aus diesem Werke vorbereitet, will sie aber zu Gunsten größerer Kürze unterdrücken.

Ihr deutsche Arbeiter seid merkwürdige Leute! Vor französischen und englischen Arbeitern, da müßte man plaidiren, wie man ihrer traurigen Lage abhelfen könne. Euch aber muß man vorher erst noch beweisen, daß Ihr in einer traurigen Lage seid. So lange Ihr nur ein Stück schlechte Wurst habt und ein Glas Bier, merkt Ihr das gar nicht und wißt gar nicht, daß Euch Etwas fehlt! Das kommt aber von Eurer verdammten Bedürfnißlosigkeit! Wie, werdet Ihr sagen, ist die Bedürfnißlosigkeit denn nicht eine Tugend? Ja vor dem christlichen Moralprediger, da ist die Bedürfnißlosigkeit allerdings eine Tugend! Die Bedürfnißlosigkeit ist die Tugend des indischen Säulenheiligen und des christlichen Mönches; aber vor dem Geschichtsforscher und vor dem Nationalökonomen, da gilt eine andere Tugend. Fragen Sie alle Nationalökonomen: welches ist das größte Unglück für ein Volk? Wenn es keine Bedürfnisse hat. Denn diese sind der Stachel seiner Entwickelung und Kultur. Darum ist der neapolitanische Lazzarone so weit zurück in der Kultur, weil er keine Bedürfniße hat, weil er zufrieden sich ausstreckt und in der Sonne sich wärmt, wenn er eine Handvoll Macaroni erworben. Warum ist der russische Kosak so weit zurück in der Kultur? Weil er Talglichte frißt und froh ist, wenn er sich in schlechtem Fusel berauscht. Möglichst viel Bedürfnisse haben, aber sie auf ehrliche und anständige Weise befriedigen — das ist die Tugend der heutigen, der nationalökonomischen Zeit! Und so lange Ihr das nicht begreift und befolgt, predige ich ganz vergeblich! (Großer Beifall auch von den Logen.)

Jetzt also zur Frage: Kann Ihnen denn nicht geholfen werden? Und können Ihnen die Schulze=Delitzschen Associationen helfen, oder wenn nicht, würde der von mir vorgeschlagene Weg: Ihre Association ermöglicht durch eine Credit=Operation des Staates, Ihnen helfen, und was ließe sich gegen dieses Mittel sagen? Was hat Herr Schulze=Delitzsch in dem Vortrage, welchen er in Berlin gegen mich gehalten hat, gegen meine Broschüre einzuwenden gewußt? Ich habe in meinem Antwortschreiben gezeigt, daß sowohl Rohstoff= und Vorschuß=, wie Consumvereine, dem Arbeiterstande unmöglich helfen können, daß sie nur Einzelnen eine und zwar sehr beschränkte Hülfe und zwar auch diese gerade nur auf so lange gewähren können, bis diese Vereine eine erhebliche Zahl Ihres Standes ergriffen haben; daß aber, sowie dieß eintritt, auch diese geringfügige Hülfe sofort verschwinden muß. Ich habe dieß mit Nothwendigkeit aus dem ehernen Arbeitslohngesetz entwickelt. Diesem Gesetze zu widersprechen, dazu hatte Herr Schulze=Delitzsch die nöthige Dosis von Unwahrheit nicht, das hat er nicht gethan. Dieß war ein Regal des Herrn Max Wirth. Widerspricht er aber dem Gesetze nicht, so konnte er noch weniger der daraus entwickelten Folgerung widersprechen. Was that Herr Schulze? Er hat auf diesen Nachweis, der für ihn den wichtigsten Punkt seiner Antwort bilden mußte, nicht mit einer Sylbe geantwortet. Er gibt somit indirect Alles zu, was ich über die Unmöglichkeit, durch seine Bestrebung eine Verbesserung der Lage Eures Standes zu erwirken, gesagt habe; ja an einer Stelle, die ziemlich unklar geschrieben ist, scheint er sogar selbst zu gestehen,

daß auf die Dauer jene Vereine nicht helfen können und würden und nur in der Productiv-Association eine wirkliche Hülfe zu finden sei.
— Aber zweitens: Ich hatte Herrn Schulze-Delitzsch in meinem Antwortschreiben zwar mit großem Anstand behandelt, mit viel größerem, als seine Anhänger mir zu erwidern gewußt haben, aber sachlich mußte ich wahr sein, und sachlich hatte ich daher den harten Vorwurf erhoben, daß er durch seine Lehre, daß sich mit dem steigenden Nationalkapital auch Ihre Lage bessere, Sie täusche und hintergehe. Ich hatte dieß ausführlich nachgewiesen; kein Wort der Erwiderung hat Herr Schulze auf diesen meinen Nachweis gefunden.

Haben wir jetzt gesehen, was Herr Schulze **nicht** beantwortet hat, so wollen wir nun sehen, was er beantwortet hat. Herr Schulze sagt selbst, daß er die Productiv-Association wolle, so gut wie ich, er geräth sogar dadurch mit seinen eigenen Anhängern in bedenklichen Widerspruch. Ich erinnere mich mindestens, dieser Tage einen Artikel des Frankfurter Journals gelesen zu haben, worin ausdrücklich das Gegentheil behauptet und auch gesagt wurde, Schulze habe auch gar nicht den Fabrikarbeitern helfen **wollen**, sondern blos den kleinen Handwerksmeistern. Nun, sei dem, wie ihm wolle. Schulze beschwert sich darüber, daß ich behauptet hätte, er wolle die Productiv-Association nicht. Nun, das habe ich **nirgends** gesagt; ich habe nicht gesagt, er **wolle sie nicht**, ich habe nur gesagt, er **kann sie nicht machen**, und daß er sie nicht machen kann, das sollte er ja gerade aus den Resultaten seiner eigenen Thätigkeit erfahren haben. Ich habe hier seinen Vortrag, wie er abgedruckt war in der berliner Nationalzeitung. Er gibt darin einen kurzen Bericht über die Resultate seiner Thätigkeit. Nach diesem Berichte hat er eine erstaunliche Menge von Associationen hervorgerufen: 450 Vorschußbanken, 150 Rohstoff-Vereine, 30—40 Consum-Vereine, aber keine Productiv-Associationen, nicht einen Verein für fabriksmäßige Großproduction, es sei denn einen kleinen Shawlweber-Verein, der mit einem Webestuhl und, glaube ich, höchstens 50 Arbeitern, wie ich gehört habe, bestehen soll und den Herr Schulze selbst nicht einmal erwähnt. Das sind die Resultate von 15 Jahren. Sollte dieser Mann nicht an diesen Resultaten seiner eigenen Thätigkeit lernen können, daß es nicht geht, mit den leeren Taschen der Arbeiter Productiv-Associationen oder gar Associationen für fabrikmäßige Großproduction einzurichten? Aber dieser Mann ist so verliebt in seine kleinbürgerlichen Ideen, daß sogar diese seine eigene 15 jährige Erfahrung ihn nicht belehrt! Wie sollen, meine Herren, bei der Leerheit Ihrer Taschen, mit Ihren eigenen Hülfsmitteln Productiv-Associationen hervorgerufen werden können in einem erheblichen Umfange? Und ich habe Ihnen in meinem Antwortschreiben nachgewiesen, daß sogar, wo dieß der Fall ist, wie in England, wo 50—60 derartige Associationen oder mehr bestehen, dennoch niemals dazu gelangt werden kann, Ihrem **Stand** durch dieselben aufzuhelfen, sondern daß der Nutzen dieser Associationen sich immer nur auf eine äußerst beschränkte Zahl von Einzelnen erstrecken kann. Ich erinnere Sie an den Nachweis in meiner Broschüre, daß die Association aus individuellen Mitteln den Arbeiterstand als solchen niemals auch nur in einem irgend bemerkenswerthen Zahlenverhältniß umfassen kann. Welch' einen Einwurf hat also Herr Schulze-Delitzsch gegen das von mir vorgeschlagene Mittel der Productiv-Association, die er ja auch zu wollen behauptet, erhoben? Was hat er gegen die Credit-Operation des Staates einzuwenden gehabt?

Er hat gegen mich ins Feld geführt das Princip: der Staat dürfe nicht interveniren in den gesellschaftlichen Verhältnissen. Das ist der einzige nicht auf Mißverständniß beruhende Grund, den er gegen mich geltend gemacht hat, und das, ich sage es Ihnen selbst, das ist der principielle Punkt, um den es sich bei dieser ganzen Agitation handelt, und für den ich mich zu derselben erhoben habe! Hier, mit dieser Frage, steht und fällt die Schlacht, die ich schlage. Schulze hat gegen mich in's Feld geführt das ganze Vorurtheil der heutigen öffentlichen Meinung, der Staat dürfe um keinen Preis und unter keinen Umständen in die Verkehrsverhältnisse interveniren. Nicht für die Wissenschaft besteht dieses Vorurtheil — die ist heutzutage schon lange darüber hinaus, aber für die öffentliche Meinung der Gebildeten ist dieß heute noch ein Dogma, ein Glaubenssatz! Was beweist das aber, meine Herren? Alle Wahrheiten von heute, die wir alle einstimmig anerkennen würden, — es hat eine Zeit gegeben, wo man sie für falsch hielt und wo die entgegengesetzten Meinungen das Dogma der gebildeten Welt waren. Alle diese falschen Dogmen sind nur dadurch gestürzt worden, daß sich muthvolle Männer dagegen erhoben, deren Ansichten dann langsam und freilich nach großem Kampfe und Widerstreben um sich griffen. Haben Sie mein Arbeiterprogramm gelesen? Wenn nicht, so möchte ich Sie dazu auffordern. Ich weise darin nach, daß jede Zeit Ein herrschendes Princip hat, daß das herrschende Princip der heutigen Zeit das Capital ist, und daß zu jeder Zeit die öffentliche Meinung unter der Herrschaft des herrschenden Princips, heute also unter der Herrschaft und unter dem Prägestock des Capitals steht. Die öffentliche Meinung, das öffentliche Vorurtheil der von dem Capital beherrschten Zeit — das ist eben nothwendig gerade dieses: der Staat dürfe sich in keine gesellschaftlichen Fragen mischen, die freie Concurrenz allein sei es, die Alles zu entscheiden habe; jeder dürfe nur auf seine isolirten Kräfte als Einzelner angewiesen sein. — Handelte es sich, m. H., um die Concurrenz zwischen Capitalisten und Capitalisten, nun so wäre das sehr plausibel; aber handelt es sich um die Concurrenz zwischen den Mittel- und Capitallosen mit den Capitalisten, so ist diese Concurrenz ein Wettkampf zwischen einem Bewaffneten und einem Unbewaffneten! Ueberdieß: Robbertus hat Sie darauf hingewiesen: wie sind die jetzigen Besitzverhältnisse entstanden? Haben dieselben unter der Herrschaft der freien Concurrenz begonnen? Sind die Grundlagen der heutigen Vermögensverhältnisse durch die freie industrielle Arbeit gelegt? Sie sind vielmehr das Produkt einer Vergangenheit von zwei Jahrtausenden. Diese haben die Grundlage gelegt für die heutigen Verhältnisse des Besitzes. In diesen zweitausend Jahren war erst Sklaverei, dann Leibeigenschaft, dann Hörigkeit und daneben Zunftzwang. Das sind alles **Staatsinstitutionen gewesen, ganz positive Staatseinrichtungen. Unter diesen Einrichtungen und durch diese gezwungen haben Sie,** resp. Ihre Vorfahren, als Sklaven, als Leibeigene, als zünftige Lehrlinge und Gesellen für die jetzigen besitzenden Classen das Vermögen producirt, das sie nun haben. Kam endlich die französische Revolution und proklamirte die Rechtsfreiheit und die freie Concurrenz; aber natürlich behielten die Besitzenden das Vermögen, die **Waffen**, die Sie ihnen geschmiedet, und erlauben Ihnen nun, unbewaffnet, mit Ihren Nägeln und Zähnen in den Wettkampf, in die freie Concurrenz mit eben den Capitalien und Maschinen einzutreten, die Sie durch so viele Jahrhunderte hindurch für jene erarbeitet haben. Und nun sollten die Besitzenden kommen dürfen und sagen: der Staat darf Ihnen, den Arbeitern, durch keine Einrichtung irgend welcher Art die Concurrenz mit dem Capital erleichtern, das Sie für jene durch tausendjährige Dienste, zu denen Sie durch positive Staatseinrichtungen genöthigt waren, erworben haben? Wo bliebe da die Gerechtigkeit? Wo nur der Menschenverstand? Wollen die Besitzenden Ihnen gegenüber von „freier Concurrenz" sprechen und daß Jeder nur auf seine isolirte Kraft angewiesen sein soll, nun dann müßten sie, damit die Concurrenz eben **frei sei**, die Umstände zuvor gleich machen. Dann müßten also entweder die Besitzenden sich zuvor ihres Vermögens entäußern — was unsinnig wäre — und gleichfalls nur mit ihren Muskeln und Nägeln gegen Sie concurriren! **Dann** hätte ich Nichts dagegen! **Dann** wollten wir sehen, wer es weiter bringt! Diesen unsinnigen Weg werden die Besitzenden natürlich nicht einschlagen. Oder aber, es muß mindestens, damit die Concurrenz **frei sei**, Ihnen gleichfalls Capital geliefert werden, damit Sie mit den Capitalisten **wirklich concurriren können** — und das ist ja gerade mein Vorschlag, das ist ja gerade Das, worauf mein Vorschlag praktisch hinausläuft, daß der Staat durch eine Credit-Operation Ihnen die Capitalien liefere, damit Sie dann in freie, gleiche Concurrenz mit den Capitalien treten können. Diese **freie Concurrenz** wollen die Unternehmer aber nicht, sie wollen nur die **ungleiche, unfreie** Concurrenz mit Ihnen, die Concurrenz der Bewaffneten mit den Unbewaffneten, und **daher** der Lärm, der sich gegen meinen Vorschlag erhoben hat. Diese freie Concurrenz, wie man sie heute versteht, diese **thatsächliche** Abhängigkeit, in welche Sie aus der frühern Rechts-Abhängigkeit hineingebracht worden sind, die hat Sie in vieler Beziehung noch viel weiter heruntergebracht als die frühere Rechtsabhängigkeit selbst. Die große Industrie und die freie Concurrenz — für die Welt im Allgemeinen, für uns Besitzende, ist sie eine Quelle von Reichthum und Segen gewesen; aber Ihre Lage hat sie in vieler Beziehung noch schlechter gestellt als früher; sie hat, um blos auf Einen Punkt hinzuweisen, die Arbeiten der Kinder in den großen Fabrikationszweigen eingeführt. Die Arbeit der Kinder in den Fabriken datirt von der Erfindung der Arkwright'schen Baumwollenspinn-Maschine am Ende des vorigen Jahrhunderts. Das ist der Segen der Concurrenz für Sie, daß Ihnen jetzt Ihre eigenen Kinder Concurrenz machen können in einem Alter von 8, 7 und 6 Jahren, in welchem sie in die Schule gehören und nicht an den Webstuhl. Während früher der Vater die Kinder ernährte, so stechen jetzt häufig die Kinder, die natürlich mit geringerem Lohn vorlieb nehmen können, den Vater aus, ein naturwidriges Verhältniß, welches in England bereits die unsittlichsten Folgen nach sich gezogen hat. Und so hat die Concurrenz Ihnen sogar bereits die Familie vernichtet! Wenige Zahlen mögen hinreichen, Ihnen ungefähr den Umfang dieser Verschlechterung zu zeigen. Nach dem Berichte des englischen Parlaments pro 1835 betrug schon damals auf 190,710 in Wolle-, Baumwolle-, Leinen- und Seidefabriken beschäftigte erwachsene Arbeiter die Zahl der Kinder von 8—13 Jahren nicht weniger als 56,455 und die Zahl der Kinder von 13—18 Jahren 108,208, zusammen 164,663 auf 190,710 erwachsene Arbeiter, also 86% der Erwachsenen, und die Kinder zwischen 8—13 Jahren betrugen allein 29% der Erwachsenen.*) Der Lohn der Kinder wechselt nach Villermé (II p. 111) von 25—75 Cent. je nach ihrem Alter, d. h. von 2—6 Sgr. Daß das dazu beigetragen haben muß, Ihren Lohn zu verringern können Sie Sich selbst denken und bei Villermé nachlesen. Oder hören Sie über diese Frage den Vater der preußischen Statistik, den wirkl. Geheimrath Hoffmann**). „So schlich sich," sagte er in seinen nachgelassenen Schriften unter allgemeinem Beifall der Wohlwollenden und Verständigen, „ein Mittel zur Minderung des Lohnsatzes für die Handarbeit ein, dessen Folgen Greuel der Entsittlichung wurden, welche allerdings in solchem Umfang nur der neuesten Zeit angehört und namentlich mit den Spinn- und Webmaschinen zu solcher Ausdehnung gelangte, daß jetzt der größte Theil einiger vorzüglich berühmten Fabrikorte darunter erliegt. Nur sehr kräftige Regierungen vermögen hier Einhalt zu thun und nur langsam fortschreitend ist eine Rückkehr zum Bessern möglich. So wie England voran-

---

*) First report on mills and factories pro 1835. — S. Ducpétiaux, de la Condition etc. I, p. 15.

**) Nachgel. Schrift. S. 224.

ging auf dieser verderblichen Bahn, so beginnt es jetzt voranzugehen durch Beschränkung der Befugniß, Kinder und Frauen zur Fabrikarbeit zu gebrauchen. Was bis jetzt hierin geschehen, ist allerdings noch bei Weitem unzureichend, dem Uebel zu steuern; indessen offenbart es doch eine Richtung der gesetzgebenden und vollziehenden Macht, deren endliches Ziel die Befreiung der Gewerbsamkeit von dem schmählichen Vorwurf sein muß, daß sie die Vermehrung des Wohlstandes der Nation nur mit der Entsittlichung eines beträchtlichen Theiles derselben zu erkaufen vermöge." Und dabei ist es gar so weit, wie in England, bei uns noch nicht gekommen. Manches werden Sie indeß selbst erlebt und mit ihren eigenen Augen angesehen haben, es ist schon Alles bei uns vorhanden, aber noch relativ geringer, die weitere Entwickelung kommt eben noch.

So ist es gekommen, daß, wie Ch. Dupin in seinen forces productives konstatirt, 68% der militärpflichtigen Bevölkerung im Elsaß militäruntauglich sind und in einigen andern Fabrikdepartements über 90%.

Wollen Sie, meine Herren, ehe Sie die Besserung Ihrer Lage in Angriff nehmen, warten, bis Sie ein Geschlecht von Krüppeln geworden?

In seiner Anwendung auf das Verhältniß der Kapitalisten zu den Arbeitern also ist das Princip, der Staat dürfe in keiner Weise eingreifen, die freie Concurrenz müsse Alles machen, das leerste und grausamste Vorurtheil von der Welt!

Ich spreche hier — denn jedes meiner Worte wird durch die weiteste Oeffentlichkeit getragen werden — ich spreche hier unter der Controle der gesammten Wissenschaft und also auf das Risico des ganzen Rufes, den ich mir durch lange und mühsame Arbeiten in der gelehrten Welt erworben habe. Nun, und ich nehme keinen Anstand Ihnen zu sagen, daß dieses Vorurtheil nicht nur ein Vorurtheil ist wie jedes andre auch, sondern eines der unintelligentesten, stupidesten und culturfeindlichsten, Vorurtheile die ich kenne!

Wie wenig ernsthaft es noch dazu von der Klasse gemeint ist, von der es ausgegangen, von den Manchester=Männern, das zeigen gerade die höchstinteressanten gegenwärtigen Ereignisse in England.

Sie sind unterrichtet von der Krise, die jetzt in Lancashire, in den Baumwoll=Districten in England stattfindet, dadurch stattfindet, daß in Folge des amerikanischen Krieges die Baumwollenzufuhr aufgehört hat. In Folge dessen keine Arbeit, die Fabriken stehen still, die Arbeiter wollen auswandern.

Wie das die Fabrikherrn hörten, sagten sie sich: wenn die Arbeiter jetzt in Masse auswandern und der Krieg später wieder zu Ende geht, und die Baumwollzufuhr von Neuem beginnt, dann ist die Zahl der Arbeiter erheblich vermindert. Dann müssen wir sehr hohe Löhne geben. Folglich ist es in unserem Interesse, die Arbeiter hier zu behalten, daß ihre Zahl nicht abnehme, damit, wenn die Zu=

fuhr wiederkommt, die Löhne so gering seien wie zuvor. Und nun verlangten sie, der Präs. der Handelskammer zu Manchester, Mr. Potter, Parlamentsmitglied für Carlisle, verlangte, daß der Staat Geld bewillige, damit die Arbeiter auf Staatsunkosten in der Zwischenzeit fabriciren, wohlgemerkt, nur in der Zwischenzeit; für ihren Vortheil verlangten sie, daß der Staat intervenire, um die Arbeiter von der Auswanderung abzuhalten und dadurch später wieder niedrigere Löhne zu haben. Selbst die „Times", dieses Bourgeois-Blatt, dem selten einmal das Gewissen schlägt, sprach sich bei diesem Verlangen mit Entrüstung und Hohn über diesen Widerspruch aus. Nun, also meine Herren ich sage: Dieses Vorurtheil von Seite der Wenigen unter den Besitzenden, welche die Sache verstehen, ist gewissenlos; von Seite der großen Masse der Besitzenden und Gebildeten, die es nicht besser verstehen, ist gedankenlos. In beiden Fällen entschuldigt oder begreift es sich noch dadurch, daß dieses Vorurtheil im Interesse der Besitzenden liegt. Wie aber soll ich dieses Vorurtheil nennen, wenn ich es bei Ihnen treffe? Hier fehlt mir jeder Name. Bei Ihnen ist dieß Vorurtheil selbstmörderisch! Lassen Sie mich frei sprechen, meine Herren! Ich habe durch meine Liebe für die Sache der arbeitenden Classe, ich habe durch die Beschimpfungen die ich in Ihrem Interesse von Seiten der gesammten liberalen Presse erdulden mußte, mindestens das Recht erkauft, freimüthig zu Ihnen zu sprechen! Ich bin ein Mann, der Ihnen helfen, aber kein Mann, der Ihnen schmeicheln will! Bei Ihnen würde dieses Vorurtheil der höchste Grad unwürdiger Schwäche sein, den ich zu denken vermag; es würde der Beweis sein, daß Sie Sich durch unsere seit dem Jahre 1849 namenlose schlechte Presse und durch das Ciapopeya, das lügenhafte Gerede von Ihrer mit dem wachsenden Nationalreichthum sich verbessernder Lage schon vollständig haben entmannen lassen! Hören Sie, was der größte englische Nationalökonom J. Mill sagt: „Es ist sehr fraglich," sagt er, „ob bis jetzt alle mechanischen Erfindungen die Tagesmühen irgend eines menschlichen Wesens erleichtert haben; sie haben allerdings die Wirkung gehabt, daß eine größere Bevölkerung das nämliche Leben von Mühseligkeiten führt und eine beträchtliche Zahl von Fabrikanten und anderer Personen größere Reichthümer erwirbt, auch haben sie die Lebensannehmlichkeiten der mittleren Classe vermehrt; allein sie haben bisher noch nicht angefangen, jene großen Veränderungen in dem Geschicke der Menschheit zu bewirken, welches zu vollbringen in ihrem Wesen liegt und der Zukunft vorbehalten bleibt." Hören Sie, was der anerkannt größte deutsche Statistiker, der Geheimrath Engel in Berlin in einem Vortrage in der Singakademie zu Berlin über Ihre Lage sagt:*) „Der dritte Stand hat sich emanzipirt, eine neue Aristokratie des

---

*) Vortrag, gehalten am 2. Febr. 1862, abgedruckt in der Zeitschrift des königl. preuß. statist. Bureaus, Jahrg. 1862. Nr. 2.

Geldes und des Geistes entsteht; der Gelehrte, der Beamte, der Capitalist wird als Bourgeois die herrschende Macht. Indeß, nachdem die geistige, von dem großen Capital unterstützte Arbeit ihr Recht erstritten, ringt auch die physische, im Ganzen und Großen capitallose Arbeit um Anerkennung und Gleichberechtigung. Die arbeitenden Classen sind unter der Allgewalt des vom Ganzen getragenen Individualismus bereits zu einem eigenen, zum vierten Stande, zu einer gesellschaftlichen Macht herangewachsen, die naturgemäß ebenfalls nach der Alleinherrschaft im Staate strebt, wie dieß der 1., 2. und 3. Stand, so lange sie es konnten, gethan." Zu bemerken ist, wenn Geheimrath Engel sagt: „nach Alleinherrschaft im Staate streben," so ist dieß ungenaue Wort zu verbessern durch seinen offenbaren Sinn. Bei ihm, wie bei mir, heißt die Herrschaft der arbeitenden Classe immer nur die Herrschaft aller Individuen ohne Ausnahme, wobei dann ganz von selbst, da die arbeitenden Classen die große Majorität der menschlichen Gesellschaft bilden, die Entscheidung in ihrer Hand liegen wird.

Geh. R. Engel fährt fort: „Wie viel nun auch mit dem Siege der Freiheit, des Absatzes für die Produktion, für die Erzeugung der Reichthümer errungen sei, so ist doch der Kampf des vierten Standes damit nicht abgeschlossen. Für ihn handelt es sich nicht so sehr um die Erzeugung, um das absolute Maß des angesammelten Reichthums, als um die Vertheilung desselben, d. h. um das Verhältniß dieses Reichthums zu der Zahl Derer, die daran participiren, theilnehmen können und sollen. Bei einer politisch und wirthschaftlich falschen Leitung der Production ist die Gefahr krösusartiger Bereicherung einiger Weniger gegenüber der Verarmung in Masse nicht ganz ausgeschlossen und natürlich wird davon der vierte Stand bei seiner fortschreitenden Atomisirung am Stärksten betroffen. Dieser Atomisirung Einhalt zu thun, die Elemente, die in unaufhaltsamer Auflösung begriffen, zwecklos gewordene Verbände, wieder zu sammeln und auf's Neue in zeitgemäße Formen zu binden, — das ist eine der größten Aufgaben der Zeit. Einer dieselbe begreifenden staatswirthschaftliche Einsicht ist es, wenn für jetzt auch nur exemplificatorisch (d. h. beispielsweise) gelungen, neben dem Problem der rationellsten und größten Production auch das der alle Interessenten befriedigendsten Vertheilung zu lösen. In der allgemeinen Lösung besteht der Sieg, die Emancipation des vierten Standes." Das also sagt die Wissenschaft, das sagen sogar bereits die Geheimräthe, wenn sie sich an der Brust der Wissenschaft groß gesogen haben! Und noch mehr: die Männer der Wissenschaft erheben sich, ich, Rodbertus, Wuttke, wir treten persönlich oder durch Zuschriften an Euch heran und sagen: Euch muß geholfen werden. Und Ihr solltet votiren: Nein? Ihr solltet wie gezähmte Hausthiere Euch gegen Euch selber wenden? Es wäre ein so widernatürliches Factum, ein Factum von so nationaler Schmach, daß ich roth werde für Euch und in Euere Seele hinein, wenn ich nur daran denke! Mit welch' schallendem Gelächter würden Euere französischen und englischen Brüder die Nachricht von einer solchen Entscheidung aufnehmen! Ja, bei jeder Nachricht von Arbeitervereinen, die gegen mich entschieden, bin ich **roth** geworden vor Scham in Euerem Interesse und in Euere Seele hinein! Aber ich sagte mir, daß dieß nur der Einfluß irrgeleiteter Vorstände sei, nur die Folge davon, daß man Euch die Wahrheit nicht auseinander gesetzt hatte, daß man Euch fast überall votiren ließ, ohne nur meine Schrift zu kennen! Darum bin ich unter Euch getreten. Wenn Ihr nach Allem, was ich Euch schon gesagt habe und heute noch sagen werde, **gegen mich** entscheiden könntet — die Worte würden mir fehlen, um meine Entrüstung auszusprechen! Wenn Ihr, wie das hin und wieder bei Arbeitern vorgekommen ist, in Entrüstung über Euere Lage Maschinen zertrümmertet, Raub, Brand, Zerstörung verübtet — es wäre sicherlich sehr roh, sehr stupide, sehr verbrecherisch und Ihr könnt Euch wohl denken, daß ein Mann wie ich, über solches Gebahren nur das allerschärfste Verdammungsurtheil fällen könnte! Aber immerhin würde es doch noch ein **natürliches Verbrechen** sein! Es gibt Laster, welche in gedrückter Lage der Rohheit nahe liegen; es gibt Excesse, die, so strafbar sie sind, doch noch natürliche Ausschweifungen der Kraft sind. Aber wenn Ihr **gegen mich** votirt, gegen die Männer, welche erklären, es müsse Euch geholfen werden, — das wäre **ein unnatürliches Verbrechen**! Es wäre eine so widernatürliche Schwäche, ein so unwürdiger Mangel an Mannheit, daß ich keinen Ausdruck dafür finde! Indem ich spreche, fällt mir das Wort eines großen deutschen Patrioten auf das Herz, eines Mannes, der, ein Ruhm Frankfurts, in dieser Stadt geboren wurde, in der ich spreche, ein Wort, das dieser verzweifelnd vor Schmerz über seine Nation in den dreißiger Jahren ausrief. Ich rede von Ludwig Börne: „Andere Völker", rief Börne aus, „mögen Sclaven sein, man mag sie an die Kette legen, mit Gewalt darnieder halten können, aber die Deutschen sind Bediente, man **braucht** sie nicht an die Kette zu legen, man kann sie frei im Hause herumlaufen lassen!" Seit 23 Jahren habe ich dieß Wort gelesen, das Börne im größten Ingrimm seines Patriotismus ausrief. Seit 23 Jahren kämpfe ich innerlich gegen dieß Wort an, das mir, seitdem ich es gelesen, nicht wieder von der Seele gewichen. Nun wohl, wenn Ihr, wenn die deutschen Arbeiter überhaupt in ihrer großen Majorität gegen sich selbst entscheiden könnten, ja, dann gebe ich meinen Widerstand gegen dieß Wort Börne's auf und unterschreibe es mit brennender Scham auf der Stirn! (Großer andauernder Beifall aus dem Saal und den Logen. Eine Stimme: „Er beleidigt die Nation". Neuer anhaltender Beifall.) Das ist es, was ich Euch über das Princip zu sagen habe, und nur um das Princip handelt es sich heute, um das Princip, das allgemeine und directe Wahlrecht als unsere Fahne zu proclamiren, zu dem ausgesprochenen Zwecke: durch die Gesetzgebung, durch die Intervention des Staates die Verbesserung Eurer socialen Lage herbeizuführen. Welches die geeigneten Mittel hierzu wären — diese Discussion ist eigentlich hier noch ganz verfrüht. Diese Discussion gehört erst in den gesetzgebenden Körper. Es sind manche und sehr verschiedene Mittel hierbei denkbar und im Laufe der Zeit nothwendig. Inzwischen, müßt Ihr mir erst das Princip zugeben, so müssen meine Gegner mir auch Alles zugeben, denn alles Andere, was bisher gegen meinen Vorschlag vorgebracht worden ist, verfliegt wie Spreu vor dem Winde, und zum Ueberfluß will ich Euch das noch beweisen. *)

"Controlle des Staats" hat man ausgerufen, Euere persönliche Freiheit sei bedroht, durch die Controlle, die Ihr Euch für jenen Creditvorschuß aufzuerlegen hättet. Ist ein solcher Mißverstand oder solche Entstellung schon dagewesen? Glaubt Ihr, ich würde Euch der Reaction in die Hände geben? Welcher Art soll und kann dann nach mir diese Controlle sein? Nun, zuerst offenbar ja lediglich eine privatrechtliche, die ganz und gar nichts mit Eurer persönlichen Freiheit, ganz und gar Nichts mit dem öffentlichen Recht zu thun hat. Der Staat würde mit einem Worte blos Gläubiger-Rechte haben. Er brauchte z. B. freilich nicht zu dulden, daß die Maschinen, die Ihr Euch mit seinem Credit anschafft, anderweit von Euch verbracht und veräußert werden, statt mit ihnen zu produziren. Er würde Eure Buchführung einsehen können, um zu sehen, ob Ihr auch wirklich die Geschäftsführung nach den von Euch selbst genehmigten Statuten betreibt. Es würde diese Art von Controlle Euch sogar sehr zu stat-

---

*) Für **Theoretiker** die — fast überflüssige — Bemerkung, daß der Vorschlag der Productiv-Associationen mit Staatscredit noch keineswegs die "Lösung der socialen Frage" darstellen soll. Ich habe nirgends in meinem Antwortschreiben von der "Lösung der socialen Frage" gesprochen, ja, ich habe deßhalb den Ausdruck "sociale Frage" überhaupt vermieden. Ich habe ausdrücklich nur von einer praktischen Maßregel zu einer "Verbesserung der Lage der arbeitenden, nothleidenden Classen" gesprochen Die definitive "Lösung der socialen Frage" wird die Arbeit von Generationen sein und das Resultat einer Reihe von Einrichtungen und Maßregeln, von denen sich organisch jede folgende aus der früheren entwickeln muß. Die durch den Staatscredit hervorgerufenen Productiv-Associationen sind eben auch deßhalb das angezeigte bahnbrechende Mittel, weil sie in der Zukunft Verhältnisse schaffen müssen, die von selbst eine weitere Entwicklung hervorrufen. Hin und wieder ist in dem Folgenden ein flüchtiger Blick hierauf geworfen.

ten kommen können und Euch sichern gegen etwaigen Leichtsinn oder
Unredlichkeit Eurer Geschäftsführer, die Ihr, in der Buchführung nicht
erfahren, nicht schnell genug wahrnehmen würdet; der Staat würde
also mit einem Worte nur ähnliche Rechte haben, wie sie heute jeden
Tag in der ganzen Welt, in der Bourgeoisie selbst, in gewissen Ver=
trägen festgesetzt werden, ähnliche Rechte, wie diejenigen eines soge=
nannten stillen Gesellschafters oder Commanditärs. Solche Comman=
ditärverhältnisse bilden die Bourgeois alle Tage. Hat man deßhalb
jemals gehört, daß sie dadurch ihre Selbständigkeit verloren? Zwei=
tens aber, habe ich Euch denn auf den heutigen Staat verwiesen?
Ihr wißt sehr gut, ohne daß ich es sage, was Ihr von dem heuti=
gen Staat allein zu erwarten habt! Nicht auf den jetzigen Staat
habe ich Euch hingewiesen, sondern auf den Staat, der unter die
Herrschaft des allgemeinen und directen Wahlrechtes gestellt wird.
Darum ist es so lächerlich, hier von Reaction zu sprechen, denn es
ist doch klar, daß unter dem allgemeinen und directen Wahlrecht der
Staat jedenfalls ein ganz anderer sein würde, als der heutige.
Wenn ich heute von hier hinweggehe, überstimmt bei der Abstimmung,
ich würde eine sehr geringe, sehr schlechte Meinung von Euch mit=
nehmen. Aber doch immer noch nicht eine so schlechte, daß ich, wenn
die Vertreter Eurer Classen den gesetzgebenden Körper bilden, dann
die Wirthschaft noch länger für möglich halten sollte, die jetzt seit 15
Jahren in Berlin und ganz Deutschland spielt. Der Widerspruch
der Executive gegen die gesetzgebende Gewalt, die Widersetzlichkeit und
reactionäre Richtung der Administrativ=Beamten ꝛc. ꝛc., das wäre,
wenn durch das allgemeine und directe Wahlrecht, wenn durch Eure
Vertreter das Parlament gebildet würde, niemals lange möglich! Was
Eure Association betrifft, so würde also einfach ein Gesetz die Cre=
dite votiren, die von dem Staate ernsthaften Associationen, die sich bilden
wollen, zu gewähren sind, solchen Associationen, welche gewisse Bedingungen
erfüllen, die von den gesetzgebenden Körpern festgesetzt werden würden. Alle
solche Associationen, die sich bilden und diesen Bedingungen entspre=
chen, hätten dann ein gesetzliches Recht auf jene votirten Staats=
Credite. Ihr brauchtet somit von keines Menschen und keines Be=
amten guten Willen abzuhängen und hättet Euch nur in Eurem Ge=
schäftsbetrieb an die von Euch selbst genehmigten Statuten zu halten.
Ueberdieß, alle Tage kommt es vor, daß der Staat den Bourgeois
Credit gibt. Es besteht sogar in vielen Ländern ein Staatsin=
stitut extra zu diesem Zweck; die Bank — sie ist z. B. in Preußen
ein Staatsinstitut. Wenn ein Bourgeois bei der Bank Wechsel dis=
contirt, so bekommt er Credit aus Staatsmitteln. Hat man deßwe=
gen schon jemals gehört, daß ihn das vom Staate **abhängig**
mache?

Aber Herr Schulze hat ausgerufen: Woher sollen wir die
Tausende von Millionen nehmen, die dazu erforderlich wären?

Sie sehen, man will Ihre Phantasie erschrecken! Es sind keine Tausende Millionen dazu erforderlich. Nehmen Sie einmal einen Moment an, wir hätten nur hundert Mill. Thaler zu unserm Zweck. Wir hätten dann sogar für die erste Zeit noch viel zu viel! Weit mehr, als wir im Anfang wirklich für Associationen verwenden könnten! Der Kapitalzins steht zu 5% im Allgemeinen. Dieser Kapitalzins ist nicht zu verwechseln mit dem Unternehmergewinn. Der Kapitalzins wird von dem Unternehmer selbst dem Kapitalisten bezahlt. Diese 5 Procent geben jährlich 5 Millionen Thaler, die man gleichfalls von Neuem, wenn wir jene 100 Millionen hätten, zu demselben Zwecke, zur Gründung von Arbeiter=Associationen, austhun könnte. Durch die Kraft des Zinseszinses würden binnen 14 Jahren diese jährlichen 5 Mill. das Kapital verdoppelt haben, und wir würden von da ab 200 Millionen haben, so daß wir von nun ab 10 Millionen jährliche Zinsen hätten, welche wir für Arbeiter=Associationen verwenden könnten. Nehmen Sie nun an, daß im Durchschnitt aller Gewerbe auf ein Kapital von einer Million Thaler ungefähr 4000 Arbeiter arbeiten können; dieß ist eine ganz beispielsweise von mir gemachte Annahme, die wahrscheinlich eher eine viel zu geringe ist, als eine zu hohe. Die Zahl ist übrigens gleichgültig, sie dient hier nur als Beispiel. Auf Grund der 100 Millionen Thaler also könnten sich 400,000 Arbeiter associiren; das wäre mit ihren Familien, wenn wir sie durchschnittlich auf 5 Personen veranschlagen, eine Bevölkerung von 2 Mill.; mit 10 Mill. jährlichen Zinsen könnte neuen 40,000 Arbeitern jährlich die Möglichkeit der Freiheit und des Wohlstandes erblühen und somit neuen 200,000 Menschen, oder während der ersten 14 Jahre, so lange wir nur 5 Millionen jährlich annehmen, mindestens wiederum neuen 20,000 Arbeitern jährlich mit ihren Familien, und so wäre ein Weg gegeben, der in einer bestimmten Zeit Euch Alle aus der Wüste führt, alle arbeitenden Klassen der Gesellschaft ohne Ausnahme. Aber das ist noch Nichts! So viel seht Ihr doch ein, daß Ein industrieller Gewerbszweig dem andern in die Hände arbeitet; was für den Einen sein Industrieproduct ist, ist für den Andern der Rohstoff, auf und an welchem er seine Arbeit anfängt. Der Gerber arbeitet dem Schuhmacher in die Hand, der Tuchfabrikarbeiter dem Schneider, die Eisen= und Stahlarbeiter arbeiten dem Maschinenbauer, dieser wieder hundert anderen Gewerken in die Hand u. s. f. Wenn also z. B. erst 70 oder 80 Gewerke im Großen associirt wären, so brauchte das 71te gar kein neues Geld, sondern es brauchte nur den Credit der 70 früheren und hätte an diesem Credit die hinreichende Bedingung seiner Existenz, denn es bezieht von diesen bereits bestehenden Gesellschaften seinen Rohstoff und seine Maschinen. Und wenn nun 71 solcher Associationen bestehen, so kann eine 72ste sich ohne neues Geld bilden, und wenn erst 150 bestehen, können neue 20 ohne neues Geld sich bilden und in jenem

Credit die Bedingung ihrer Arbeit haben. So sehen Sie, daß meine frühere Rechnung, es würden jedes Jahr auf Grund der neuen 5 oder 10 Millionen neue 20,000 oder 40,000 Arbeiter befreit werden könnten, noch eine viel zu geringe ist, und daß, wenn die Associirung erst vorgeschritten wäre und sich entwickelt hätte, weit größere Massen sich jährlich associiren und zum Licht der Freiheit und des Wohlstandes hindurch bringen könnten, weit größere Massen und in weit schnellerer Zeit, als durch mein früheres Rechenerempel gegeben ist. Darum habe ich Ihnen schon in meinem Antwortschreiben gesagt, daß alle diese Arbeiter=Associationen in einem Creditverband unter einander zu stehen haben.

Sie sehen also, es handelt sich nicht um so schreckliche Zahlen, um viele „Tausende von Millionen"; mit 100 Millionen für ganz Deutschland hätten wir nicht nur mehr als genug, sondern selbst zu viel für den Anfang. Woher aber die 100 Millionen nehmen? Stellt man sich die Sache wirklich so roh vor, der Staat müsse da aus seiner Tasche, aus den Steuern, 100 Millionen hinzahlen? Das wäre ein sehr großer Irrthum, meine Herren, und würde nur den Beweis bilden, daß Diejenigen, welche so sprechen, nicht das Geringste von der Finanzwissenschaft, von der Function des Geldes und Credites, verstehen. Ich habe Ihnen schon in meinem Antwortschreiben gesagt, daß das erforderliche Geld, resp. der erforderliche Credit, vom Staate auf die leichteste Weise von der Welt zu beschaffen wäre, ohne daß es irgend einem Menschen Etwas kostet. Aber sehen wir davon ganz ab. Stellen Sie sich die Sache einmal einen Augenblick ganz roh und ganz falsch vor; stellen Sie sich vor, der Staat müsse die 100 Millionen auf den Tisch zahlen. Nun, meine Herren, noch ist kein Krieg geführt worden, der nicht über das Doppelte dieser Summe gekostet hätte, und wofür sind nicht schon Kriege geführt worden? Im vorigen Jahrhundert noch für jede Maitressen=Liebhaberei; in diesem Jahrhundert noch für jede Eroberungssucht der Fürsten oder für irgend ein beschränktes Absatzinteresse der Bourgeoisie. Der Opiumkrieg, den England in den vierziger Jahren mit China geführt, hat gewiß mindestens das Doppelte gekostet, und er ist nur geführt worden, um den Chinesen Opium in den Leib zu jagen; also für ein ganz specielles Absatzinteresse der Bourgeoisie. Für Alles in der Welt also sind diese hundert Millionen und doppelt so viel da gewesen, für jedes beschränkte Absatzinteresse der besitzenden Klasse, wie für jede Fürstenlaune; nur wenn es sich um Erlösung der Menschheit handelt, wären plötzlich diese Gelder nicht zu beschaffen? (Rufe: Schluß. Weitersprechen.) Der Redner: Wenn Sie noch einmal rufen „Schluß", so werden Sie den Schluß haben, meine Herren. Ich werde dann aufhören. (Neue Rufe: Schluß.) Der Redner erklärt, abzubrechen. Große Aufregung in der Versammlung. Das Centralcomité bringt in den Redner, fortzufahren. Viele Mitglieder der Versammlung eilen auf die Tribüne und bestürmen den Redner, nicht wieder das Wort zu ergreifen. Nach einer kurzen Rücksprache mit Herrn Lassalle erklärt Herr Heymann von der Tribüne: „Ich verkünde hiermit im Namen des Herrn Lassalle, daß er Fortsetzung und Schluß seiner Rede am Dienstag in einer allgemeinen Arbeiterversammlung in dem Saale zur Harmonie geben wird. Alle sind eingeladen, daselbst zu erscheinen." Der Präs. Herr Lachmann: „Ich erkläre die Versammlung für geschlossen."

Rede von Lassalle
am 19. Mai 1863.

Meine Herren!

Die liberale Presse hat mir merkwürdige Vorwürfe gemacht über meinen Vortrag vom letzten Sonntag. Ich hätte vier Stunden gesprochen, das sei unerhört. Wie lange ein Redner spricht, meine Herren, das hängt nicht ab vom Redner, sondern von der Sache, und diese Sache ist so groß, daß es nicht möglich ist, sie auch nur einigermaßen erschöpfend in kürzerer Zeit zu erledigen. Luther hat gegen Eck 14 oder 17 Tage, ich weiß nicht genau augenblicklich wie viel, disputirt und ich glaube, daß Ihre Sache, die Sache, um die es sich heute handelt, in keiner Weise geringer ist, als jene große Sache des sechszehnten Jahrhunderts. Dann hat man sich weiter darüber beschwert, daß ich Ihnen trockenes, statistisches, langweiliges Material vorgetragen hätte. Angenommen selbst, meine Herren, daß Sie dasselbe nicht interessirt hätte, so würde ich doch durchaus nicht anders haben verfahren können, und ich werde in aller Zukunft nicht anders verfahren. Es handelt sich hier um volkswirthschaftliche Fragen und nicht um Schönschwätzen. Sie sind noch nicht gewöhnt an dieses Material, darum muß es Ihnen in den Leib gestopft werden, es muß Ihnen Kenntniß und Geschmack daran beigebracht werden. Der Vorwurf ist um so komischer, als Dr. Büchner mir nach Berlin geschrieben hatte: Bringen Sie vor Allem statistisches Material mit. Ich habe dieß gethan, ich habe, wie Sie gesehen haben, dieß Verlangen in reichem Grade erfüllt, und nun machen mir die liberalen Blätter daraus einen Vorwurf! Aber welches ist denn der pikanteste

Punkt dieſer Sache? Die liberale Preſſe wirft mir vor, ich hätte in einem vier Stunden langen langweiligen Vortrag die Arbeiter en= nuyirt. Meine Herren! Wenn das wäre, warum ſind Sie denn heute hier? Warum iſt denn dieſer Saal gepfropft voll? Hat Sie Jemand gezwungen, hieher zu kommen? Sie ſind freiwillig gekom= men; Sie ſprechen hierdurch auf das Deutlichſte aus, daß Ihnen dieſer Vortrag nicht zu lang, daß Ihnen dieſes Material nicht zu trocken war; daß Sie auf der Höhe der Bildung ſtehen, die erforder= lich iſt, um den Ernſt eines ſolchen Vortrages zu begreifen. Es ſpricht ſich mit einem Wort darin auf das Vollſtändigſte aus, um wie viel bereits in Folge des Ernſtes ſeiner Geſinnung die Bil= dung des Arbeiterſtandes die halbe Bildung unſerer libe= ralen Zeitungsſchreiber überwiegt! (Großer Beifall.)

Ich werde jetzt da fortfahren, wo ich am Sonntag aufgehört habe. Ich habe da gezeigt, daß, wenn wir nur hundert Millionen hätten, wir nicht nur genug, ſondern im Anfang ſogar zu viel haben würden.

Man kann nun fragen, woher dieſe hundert Millionen nehmen? Meine Herren! Ich werde und kann Ihnen allerdings hier nicht eine lange finanzwiſſenſchaftliche Theorie entwickeln, aber einen flüchtigen Blick muß ich Sie doch darauf werfen laſſen, wie leicht, ja wie ſpie= lend leicht es wäre, dieſe hundert Millionen zu beſchaffen, ohne daß der arme Bauer, wie die liberale Preſſe geſagt hat, einen Pfennig aus ſeiner Taſche dazu herzugeben brauchte. Ich werfe die Frage auf: worauf beruhen die Banken, welche Banknoten ausgeben? Wo= rauf, ſage ich, beruht das Profitable eines ſolchen Unternehmens? Auf nichts Anderem, als auf Folgendem:

Wenn eine Bank z. B. hundert Millionen in ihre Keller legt, ſo kann ſie nun 400 Millionen in Banknoten ausgeben und dieß be= ruht lediglich auf der Erfahrungsthatſache, daß nie mehr als ein Vier= tel der Banknoteninhaber ſich gleichzeitig präſentiren, um ihre Zettel gegen baares Geld einzuwechſeln. Auf dieſem einfachen Grundſatz, auf dieſer Erfahrungsthatſache beruhen ſämmtliche Banken, die Banknoten ausgeben, in ganz Europa. Dieſe Thatſache iſt ein ſociales Factum, eine in der Natur Aller liegende Thatſache. Kei= ner hat dieſe Thatſache gemacht, nicht Peter, noch Chriſtoph, noch Wilhelm. Es iſt ein ſociales Elementargeſetz, gerade ſo, wie es na= türliche Elementargeſetze gibt. Wer dieſes Geſetz ausbeutet, der hat alſo im unterſtellten Beiſpiel 300 Millionen zu ſeiner Benutzung, ohne daß ſie ihm gehören, ohne aber auch, daß ſie irgend ein Ander= rer entbehrt. Denn den Banknoteninhabern, den wirklichen Gläubigern dieſes Inſtitutes, vertreten die Banknoten denſelben Dienſt, den ihnen der Silberthaler geleiſtet hätte. Ueberdieß, es iſt nicht einmal zu conſtatiren: wer iſt der Gläubiger dieſer Bank? Ich, Sie, wir

Alle, Jeder, der auf einen Moment lang einen Thaler in der Tasche hat, der in der nächsten Viertelstunde schon bei einem Anderen ist.

Ich sage also, wer diese sociale Thatsache ausbeutet, der hat zu seiner Benutzung im unterstellten Beispiel 300 Millionen, ohne daß er sie irgend einem Andern entzieht.

Ist es nun nicht eine Sünde und Schande, daß man, wie gleichwohl heutzutage in den meisten Staaten der Fall ist, einzelnen Capitalisten oder einzelnen Gesellschaften von Capitalisten die Concession ertheilt, dieses in der Natur Aller wurzelnde Factum für ihren besonderen Vortheil auszubeuten? Was in der Natur Aller wurzelt und nur durch diese, durch keine individuelle That, hervorgebracht ist, — das dürfte doch auch wieder nur Allen, d. h. dem Staate, zu Gute kommen! Der Staat dürfte also nicht, wie es jetzt in so vielen Ländern der Fall ist, Privatgesellschaften concessioniren, die Banknoten ausgeben. Es dürften auch nicht, wie in Preußen, gemischte Banken bestehen, sondern wenn Etwas, so ist dieses, gerade so wie die Münze, ein nothwendiges Staatsregal. Wir müßten also eine deutsche Staatsbank haben, eine Bank von Deutschland, — und dann, sehen Sie, meine Herren, dann hätte ja der Staat das Geld, das er für diese Associationen braucht, doppelt und dreifach und ohne daß es dem „armen Bauer", wie die Berliner „Volkszeitung" gemeint hat, einen Pfennig kostete!

Aber Herr Schulze-Delitzsch scheint zu glauben, daß das Geld oder der Credit des Staates Fluch bringe! Er hat in dem Vortrage, den er in Berlin gegen mich gehalten hat, Bezug genommen auf die subventionirten Associationen, die in Paris im Jahre 1848 durch den Staat eingerichtet wurden, und hat gesagt, diese Associationen seien alle zu Grunde gegangen, und das sei nicht anders möglich, wenn man auf Staatsubvention baue, statt auf eigene individuelle Selbsthülfe.

Beiläufig: Sie müssen nicht, meine Herren, diese Pariser subventionirten Associationen mit den Pariser Nationalwerkstätten verwechseln. Man hat mir von Seite anderer Gegner vorgeworfen, ich wolle die Nationalwerkstätten aufwärmen. Das beruht auf tiefer Unwissenheit, denn die Nationalwerkstätten haben niemals productive Arbeit getrieben. Sie bestanden lediglich darin, daß man eine große Anzahl broblos gewordener Arbeiter durch öffentliches Almosen alimentirte und, damit diese große Masse nicht ganz müßig ging, unproductive Erdarbeiten von ihr verrichten ließ. Ich habe das in der Presse widerlegt, in einem Artikel, der in verschiedenen Zeitungen erschienen ist. Aber so sehr speculirt man auf die öffentliche Unwissenheit, daß man nichtsdestoweniger, nachdem in drei oder vier Zeitungen jener Artikel erschienen war, in Stuttgart einer Zeitungsnachricht zufolge den Arbeiterverein beschließen ließ, daß ich nur wieder die französischen Nationalwerkstätten aufwärmen wolle.

Herr Schulze hat das nicht gesagt; er sprach von den subventionirten Associationen, die sich in Paris erst nach dem Untergang der Nationalwerkstätten gebildet haben. Ist es denn aber wahr, was er behauptet, daß die mit Hülfe dieses Staatscredites gebildeten Gesellschaften alle untergegangen sind? Nein, meine Herren! Es ist durchaus nicht wahr; es haben im Gegentheil mehrere davon sogar die glänzendsten Geschäfte gemacht und ich werde Ihnen sofort die Beweise vorlegen.

Zunächst, wäre es ein Wunder, wenn jene in Paris votirten Credite keine günstigen Folgen nach sich gezogen hätten? Es wäre kein Wunder und würde gar Nichts gegen meine Vorschläge beweisen, und zwar aus folgenden Gründen.

Erstens: Wie viel glauben Sie wohl wurde überhaupt votirt? Es wurden votirt — (ich trage Ihnen diese Thatsachen aus dem betreffenden Werke des Professor Huber vor, das Schultze=Delitzsch kennt und kennen muß, und beziehe mich deßwegen nur auf dieses deutsche Werk, das ihm jedenfalls bekannt ist) — es betrugen also die vom Staat votirten Summen 2,800,000 Francs. Das war der Credit, der damals votirt wurde. „Von dieser Gesammtsumme", sagt Huber *), „fielen 26 Subventionen zu 1,800,000 Francs auf einige zwanzig große Fabrikherren in den Provinzen, auf Bourgeois, bei denen die Bildung einer Association mit ihren Arbeitern handgreiflich nur ein Vorwand war, um das durch die schlimmen Zeiten gefährdete Geschäft zu retten. Nachher war von irgend einem genossenschaftlichen Antheil oder einer Betheiligung der Arbeiter nicht mehr die Rede. Von wirklichen associations ouvrières (Arbeiter=Associationen) wurden nur 30 mit 890,000 Francs und zwar ausschließlich in Paris subventionirt". So Huber, 890,000 Franks sind nicht einmal ganz 240,000 Thaler. Sie würden also sich nicht wundern können, wenn mit einer solchen Summe, mit einem Experiment so sehr im Kleinen, auch kein großes Resultat herbeigeführt worden wäre. Aber nicht nur das. Hören Sie, was Huber weiter über den Geist sagt, in welchem diese Summe verwendet wurde. Es herrschte nämlich damals, wie Ihnen aus der Geschichte bekannt ist, bereits die äußerste Reaction in Paris; Huber sagt: „Die Zinsen, welche nominell 5% betrugen (die Zinsen nämlich, welche die Arbeiter dem Staate für diese Subvention zu entrichten hatten), stiegen durch allerlei Nebenlasten auf etwa 10%. Die Controlle wurde ganz im Sinne der peinlichsten bureaukratischen Verwaltung festgestellt und bald mit unverkennbarer Feindseligkeit oder gänzlicher Rücksichtslosigkeit und Gleichgültigkeit gegen das Princip und gegen den Versuch gehandhabt. Nach dem Staatsstreiche zumal konnte an der unbedingten Mißliebigkeit der Associationen kein Zweifel sein." Sie sehen, meine

---

*) Die gewerbl. und wirthschaftl. Genossenschaften, p. 78.

Herren! wenn dieser votirte Credit mit dieser Feindseligkeit gegen das Princip selbst verwendet und verwaltet wurde, so würde auch gar kein Schluß daraus gezogen werden können, wenn der Versuch nicht die geringste glückliche Folge gehabt hätte! Aber trotz Alledem, trotz der minimen Geringfügigkeit dieser Summe, trotz der durch die Nebenlasten bis auf 10 Procent gesteigerten Zinsen und besonders trotz dieses Geistes der Feindseligkeit, in welchem dieser Credit von den Administrativbehörden verwaltet wurde, haben dieselben eine Anzahl von Associationen in das Leben gerufen, von denen mehrere sogar die glücklichsten Geschäfte gemacht haben. Ich will mich wiederum blos auf die Beispiele beziehen, die Huber in seiner Schrift mittheilt.

Zuvor will ich Ihnen aber noch einen Satz der Huber'schen Schrift anführen, der zu bemerkenswerth ist, um hier nicht eingeschaltet zu werden. Professor Huber geißelt nämlich auf die verdienteste Weise die Gleichgültigkeit und die Abneigung, welche die gebildeten Stände und vor Allem die Presse gegen diese Sache damals an den Tag gelegt hätten. Er sagt: „Bei der Masse der Gebildeten, Reichen, Angesehenen und in der Presse tiefes Ignoriren, die vollkommenste Gleichgültigkeit der Selbstsucht in ihren mannigfachsten Formen; bei einigen wenigen doctrinäre oder bureaukratische reactionäre Schadenfreude über das vermeintliche Mißlingen mißliebiger Doctrinen oder Bestrebungen; dieselbe Stimmung, nur in wo möglich gesteigertem Maß, finden wir vier Jahre später. Man hatte bona fide Alles vergessen oder niemals Etwas gewußt! Daß die Presse allzubereit war, dieser Haltung des Publicums oder der Staatsgewalt zu entsprechen, das bedarf wohl keiner besonderen Versicherung. Darin, wie in so manchen anderen Sünden, worin sie ihren Mangel eines höheren Berufes erweist, wird sie sich vergeblich mit ihrer Unfreiheit entschuldigen." So Professor Huber, — und wie sehr, meine Herren, ja in wie erhöhtem Grade wendet sich dieses Urtheil auch auf das gegenwärtige Verhalten der liberalen Presse in Deutschland an! Nichtsdestoweniger haben, wie ich Ihnen bereits gesagt, manche jener Associationen sogar die glänzendsten Resultate gehabt. Die Beispiele, die Huber hiefür anführt *), sind erstens die Association Remquet,

---

*) Andere bei Lemercier, Etudes sur les associations ouvrières, p. 125. Ueberdieß ist noch zu bemerken, daß, wie Lemercier bezeugt, viele Associationen, welche bereits die besten Geschäfte machten, nach dem Staatsstreich vom 2. Dec. 1851 sich sofort freiwillig auflösten. Die der Verwendung der Staatssubvention vorgesetzte Behörde — le conseil d'encouragement — versammelte sich gar nicht mehr seit dem Staatsstreich, wie Lemercier gleichfalls constatirt, — und andrerseits streckten die in günstigster Entwicklung befindlichen Associationen vor der Contrerevolution von

eine Buchdrucker-Association. Diese wurde im September 1849 gebildet, statutenmäßig für 10 Jahre, so daß sie sich nach Verlauf der 10 Jahre auflösen sollte. Sie wurde gebildet mit einer Staatssubvention von 80,000 Francs, also etwas über 20,000 Thaler; und als sie sich ihren Statuten zufolge im Jahre 1859 auflöste, da wurde, nachdem diese Subvention an den Staat wie alle anderen Passiva abgezahlt worden waren, der angesammelte Gewinn unter die Arbeiter vertheilt und zwar kamen im Durchschnitt 10—11,000 Francs auf jeden dieser Arbeiter, also nicht viel unter 5000 Gulden. Der Antheil wechselte nämlich von 7000 Francs, für die Wittwen der inzwischen verstorbenen Arbeiter, bis auf 18,000 Francs. Ich brauche Ihnen blos die Profite vorzulesen, welche von dieser Association jährlich zurückgelegt wurden, um Ihnen ein deutliches Bild von den Vortheilen der Association zu geben. Im ersten Jahre war gar kein Profit, denn, wie Sie begreifen, aller Anfang ist schwer. Im zweiten Jahre war der zurückgelegte Profit 4494 Francs, also sehr gering. Im dritten Jahre 6224 Fr., im vierten Jahre 8500, im fünften Jahre 10,684, im sechsten Jahre 14,357, im siebenten 10,971, im achten 11,427 und im neunten 14,821. Aehnliche Geschäfte hat die gleichfalls subventionirte Association der Goldarbeiter gemacht, die association d'ouvriers bijoutiers en doré. Aehnliche Geschäfte hat die gleichfalls vom Staate subventionirte Tischler-Association gemacht, die nach ihrem Gründer monsieur Antoine genannt wurde. Sie sehen also, um mich mit diesen Details zu begnügen, es ist unwahr, was Herr Schulze sagt, daß die vom Staat subventionirten Associationen in Frankreich sämmtlich untergegangen seien *). Das Geld oder der Credit des Staates bringt keinen Fluch, wie Herr Schulze glaubt, und läßt sich gerade eben so gut industriell verwenden, wie jedes andere Geld oder jeder andere Credit.

Aber, hat man eingeworfen, die Landarbeiter, — wie steht

---

selbst das Gewehr. So wenig ist die ökonomische Befreiung des Arbeiterstandes mit der Reaction verträglich!

*) Die Worte des Herrn Schulze hierüber in der Nat.-Ztg. v. 2. April (und Nr. 155) lauten: „Ja wohl, diese ersten Arbeiter, die zu Associationen zusammentraten, sind an's Ziel gelangt. weil sie sich auf sich selbst stellten und ihre Kraft gebrauchten. Also weil und nicht trotzdem sie ohne Hülfe des Staats sich zusammenthaten; hätte sie der Staat patentirt, dann würde voraussichtlich Nichts aus ihnen geworden sein. Dieß beweisen die Associationen in Frankreich. Dort wurden gleich nach der Februar-Revolution 3 Millionen Francs für diese Zwecke decretirt. Davon wurden 56 Vereine unterstützt und diese sind sämmtlich eingegangen, während alle diejenigen, welche noch jetzt blühen, keine Subvention erhalten und nur ihrer eignen Kraft vertraut hatten." (!!!)

es mit denen? Die sind doch noch eine größere Zahl, als die industriellen. Die liberale Presse hat sogar in Berlin die Vermuthung aufgestellt, ich würde wahrscheinlich vorschlagen, daß Parcellirungen stattfinden müßten für die ländlichen Arbeiter *). Das betreffende Blatt war so unwissend, noch nicht einmal zu wissen, daß alle Socialisten, die existirt haben, die Parcellirung, nachdem sie historisch für die Vergangenheit ihr Gutes gehabt hat, und mit einziger Ausnahme solcher Gegenden, wo gartenmäßiger Betrieb stattfindet, für eine Quelle der nationalen Verarmung und der Verminderung des Getreide-Ertrages betrachten und vor Allem gerade bei der Agricultur nur im **Großbetrieb die Quelle des nationalen Reichthums und die Vermehrung des Rohertrages der Aecker** erblicken. Was also werde ich auf jenen Einwurf antworten, daß doch auch die ländlichen Arbeiter zu den nothleidenden Klassen gehören und derselben Hülfe bedürftig seien, wie die industriellen? Nun, nichts Anderes, als daß dieser Einwurf meine eigenste Meinung, daß dieser Einwurf gar kein Einwurf ist! Wer spricht denn davon, daß bloß den industriellen Arbeitern geholfen werden sollte? Ich doch nicht! Ich habe Ihnen doch im Gegentheil in meiner Broschüre von den 89—95 Procent Nothleidenden gesprochen, welchen der Staat gehört, so daß hierin also doch alle Klassen, Berufsstände und Arten von Arbeitern eingeschlossen sind! Ich habe somit deutlich genug für Jeden, der irgend verstehen kann, die Meinung ausgesprochen, daß **allen unbemittelten Klassen** geholfen werden solle und müsse, wie denn ja auch für Jeden, der das Geringste von nationalökonomischen Materie versteht, das **Interesse aller Capitalosen ein solidarisches** ist. Warum aber, meine Herren, — um anderer und noch wirksamerer Maaßregeln zu geschweigen, die gerade in Bezug auf den Ackerbau zur Anwendung kommen könnten und deren Entwickelung hier überflüssig und zu weit führend wäre, — warum sollte denn, frage ich, den Landarbeitern durch die Associationen nicht eben so gut geholfen werden können, wie den industriellen Arbeitern? Bewiesen ist dieß durch gar Nichts! Hören Sie den größten englischen Oekonomen, John Stuart Mill, über diese Frage. Er sagt wörtlich: „Es läßt sich vernünftigerweise nicht bezweifeln, daß eine Dorfgemeinde, die aus wenigen Tausend Bewohnern besteht, als gemeinsames Eigenthum die nämliche Bodenfläche bebaut, welche die jetzt vorhandene Bevölkerung ernährt und die mittelst vereinter Arbeit und der besten Verfahrungsweise die erforderlichen Fabrikate anfertigt, im Stande wäre, so viel Producte hervorzubringen, um sich in **angenehmen Verhältnissen zu erhalten.** Eine solche Gemeinde würde auch die Mittel finden, um von

---

*) Die Volkszeitung ist es, welche diese seltene Sachkenntniß entwickelt hat.

jedem arbeitsfähigen Mitglied des Gemeinwesens die Feldarbeit zu erhalten oder erforderlichen Falles zu erzwingen." Also John Stuart Mill erklärt geradezu, es ließe sich das vernünftiger Weise nicht einmal in Zweifel ziehen. Wollen Sie eine noch größere Autorität in dieser Frage? So werde ich Ihnen den Freiherrn von Thünen citiren, eine noch größere Autorität deßhalb, weil er einerseits einer der ausgezeichnetsten Männer der ökonomischen Wissenschaft, andererseits einer der ausgezeichnetsten praktischen Landwirthe Deutschlands war. Er hat im zweiten Bande seines berühmten Buches: „Der isolirte Staat", den er im Jahre 1850 veröffentlicht hat, sich gleichfalls für die Association der ländlichen Arbeiter ausgesprochen. Ja, ein großer und edeldenkender Mann wie er war, hat er auf seinem Gut Tellow in Mecklenburg bereits im Kleinen eine Association seiner Leute angelegt, damit sie Antheil nehmen sollten an der steigenden Productivität, an dem steigenden Ertrag seiner Aecker. Er hat den Plan und das Reglement, welches er dieser Association zu Grunde legte, in jenem Werke, das ich citirt habe, veröffentlicht. Freilich! Kaum war das erschienen, so kam die Tübinger Zeitschrift und rief aus: Thünen ist Socialist!

So oft ein großer Mann der Wissenschaft es sich hat daran gelegen sein lassen, Mittel und Wege zu finden, die Lage der arbeitenden Classe zu verbessern, so hat man ihn immer mit diesem Schlagwort zu Boden zu schmettern gesucht: Socialist! Nun, meine Herrn, wenn man dieß unter Socialismus versteht, daß wir suchen, die Lage der arbeitenden Classe zu verbessern und ihrer Noth abzuhelfen, — nun dann in 33,000 Teufels Namen, dann sind wir Socialisten! (Allgemeines Bravo!) Glaubt man, ich würde mich vor einem Worte fürchten? Ich nicht! Und sollten Sie so furchtsam sein? Ich hoffe Nein! — Warum habe ich denn nun also in meinem Antwortschreiben nicht besonders von den ländlichen Arbeitern gesprochen? Nun aus dem überaus einfachen Grunde, weil sie ja schon ohnehin in die 89 bis 95 Procent der dürftigen Classe, von denen ich spreche und denen geholfen werden soll, eingeschlossen waren und der Anfang, der praktische Anfang allerdings zunächst mit den industriellen Arbeitern gemacht werden muß. Warum? Der ländliche Arbeiter, meine Herrn, ist in vieler Hinsicht, wenn z. B. auf Geldlohn gesehen wird, in einer noch schlechteren Lage als Sie, in mancher Hinsicht wiederum in einer besseren. Dieß entscheidet also die Frage nicht. Was die Frage entscheidet, mit welcher Arbeitsart praktisch der Anfang gemacht werden muß, ist folgender Umstand. Der ländliche Arbeiter, und wenn er auch nur ein Kuhgut hat, wenn er sogar seinen Getreideacker nur mit Hacke und Spaten bearbeitet, bildet sich immer noch ein, ein **Eigenthümer zu sein**; er ist noch nicht **disponirt zur Association**, und diese Disposition dazu, die Bereitwilligkeit, die kann nicht erzwungen werden. Aber hervorgerufen kann sie werden durch Erfolge, hervorgerufen kann sie werden, sage ich, und zwar nur durch das Eine: dadurch nämlich, daß der ländliche Arbeiter den großen Erfolg bei den industriellen Arbeitern sieht.

Wenn er diese in einer ganz andern Lage sehen wird und auf seine Frage, woher dieß Alles kommt, die Antwort erhalten wird: durch die Association, — dann wird sich auch bei ihm dieselbe Bereitwilligkeit und Geneigtheit zur Association einfinden, die heute bereits in dem industriellen Arbeiterstande eine so vorwiegende ist. Zugleich werden durch die große Association der industriellen Arbeiter, wie ich Ihnen vielleicht ein andermal näher ausführen werde, ganz neue Productionsverhältnisse entstehen, welche auch die Bewirthschaftung des Bodens im Großen ebenso nothwendig, als leicht ausführbar machen und dadurch eine Quelle der Bereicherung für die ganze Gesellschaft, eine Quelle einer erstaunlichen Vermehrung der gesammten nationalen Production, herbeiführen würden.

Die industriellen Arbeiter sollen also nur die Avantgarde der Menschheit bilden, und bemerken Sie vor Allem Folgendes: Indem der Lohn der gemeinen Handarbeit geändert wird, (es ist dieß der wichtigste von allen Grundsätzen, den ich Ihnen einschärfen kann, für die Beurtheilung der gesammten Frage) — indem der Lohn, sage ich, der gemeinen Handarbeit geändert wird, ändern sich auch durch organische Rückwirkung die Preise aller anderen Arbeiten in der menschlichen Gesellschaft, welchen Namen sie auch tragen mögen.

Alle menschliche Arbeit theilt sich nämlich im Allgemeinen ein in die gewöhnliche physische Arbeit und in die sogenannte qualificirte Arbeit, die selbst wiedererseits in eine große Anzahl von Abstufungen und Verschiedenheiten zerfällt. Der Lohn der gemeinen Arbeit oder der gewöhnlichen physischen Handarbeit ist aber normirend, d. h. er bildet die bestimmende Grundlage für die Vergütung aller anderen qualificirten Arbeiten in der menschlichen Gesellschaft. Ich werde Ihnen dieß an einem sinnlichen Vergleich klar machen, welchen Sie fest halten wollen; er trifft genau zu. Wonach bemißt sich eine Erhöhung? Durch ihren Abstand vom Niveau. Steigern Sie, heben Sie das gesammte Niveau, so ist mit ihm auch jener Höhepunkt selbst gehoben. Ich werde Ihnen das nun an einem concreten Beispiel klar machen.

Als ich in Leipzig am 16. April vor den Arbeitern gesprochen hatte und von der Tribüne herunterstieg, kam ein wohlwollender Bourgeois auf mich los und sagte: ich habe Ihnen ganz aufmerksam zugehört; aber Sie haben mich nicht überzeugt? Warum? fragte ich. „Aus einem ganz einfachen Grunde," antwortete der Mann. Ihr Mittel hilft nicht Allen. Der kleine Beamte, der etwa dreihundert Thaler erhält, ist, wie Sie nicht werden läugnen können, in einer relativ eben so schlechten Lage als der Lohn-Arbeiter. Wollen Sie nun auch die kleinen Beamten associiren? Das geht doch nicht." Und der Mann sah mich an mit wohlwollenden Augen und zugleich freudestrahlend über seinen Scharfsinn. Ich sagte: Sie haben recht; associiren können wir die kleinen Beamten freilich nicht, aber überlegen Sie Folgendes: daß in einer Gesellschaft, in welcher, wie das heutzutage der Fall ist, der Lohn der einfachen Handarbeit 100 bis 120 oder 150 Thlr. jährlich steht, daß in einer solchen Gesellschaft der Staat Beamte findet für 200 und 300 Thl., das kann nicht Wunder nehmen. Nehmen Sie aber an, es wäre gelungen, das Einkommen des gewöhnlichen Lohnarbeiters z. B. auf 600 Thaler zu steigern — glauben Sie denn wirklich, daß der Staat da noch würde kleine Beamten finden können, die für 200 oder 300 Thaler qualificirtere Arbeit verrichteten? Ei, diese Leute würden ja viel profitabler thun, unter die gewöhnlichen Lohn-Arbeiter zu gehen! (Anhaltender Beifall.) Halten Sie dieses Beispiel fest und wenden Sie es an und übertragen Sie es auf alle anderen Fälle. Es ist überall gleich richtig. Die qualificirte Arbeit wird immer in demselben Verhältniß mit der Vergütung der gewöhnlichen physischen Arbeit fortschreiten müssen. Wenn dieß nicht der Fall wäre, wenn die Vergütung der geistigen und qualificirten Arbeit überhaupt sich nicht in demselben Verhältniß steigerte mit der Vergütung der gewöhnlichen physischen Arbeit, so würde das die Mühe, die Kosten und die Vorbereitung, welche jede qualificirte und geistige Arbeit voraussetzt, nicht mehr lohnen; es würde somit anfangen, an Leuten, die diese Art von Arbeit liefern, in der Gesellschaft zu fehlen und die Gesellschaft würde sich somit entschließen müssen, den verhältnißmäßig höhern Preis für diese qualificirte Arbeit zu bezahlen, Alles nach dem Gesetz von Angebot und Nachfrage, nach welchem ich eben so gut wie meine Gegner entwickle, wie Sie sehen!

Ich verlange also vom Staate nur den kleinen Finger! Von selbst würde sich daraus mit der Kraft des fortzeugenden Lebens Alles Weitere organisch entwickeln. Wer 50 Jahre nach dieser Maßregel wieder auf die Welt käme, würde sie nicht wieder erkennen!

Und nun sehen Sie, meine Herren, wie sich selbst zerstörend die Vorwürfe sind, die meine Gegner mir machen! Hätte ich verlangt, daß mit einem Male, mit einem Schlage, allen Menschen geholfen werden solle, so hätte man mir zugerufen: der Unsinnige, der Rasende! er will durch Staatsdecrete Allen helfen auf einmal! Und da hätte man Recht gehabt. Jetzt, wo ich eine allmählige, eine für Alle bestimmte, aber allmählige Hülfe verlange, ruft man: die Landbevölkerung — er will der Landbevölkerung nicht helfen, und nur den industriellen Arbeitern! Sie sehen, meine Herren, das ist nicht wahr; die Landbevölkerung wie die industriellen Arbeiter, die ländlichen Arbeiter wie die Fabrik- oder Handwerks-Arbeiter, und ebenso diejenigen, welche qualificirtere Arbeit aller Art verrichten, also auch die kleine Bourgeoisie der großen gegenüber, alle sollen durch die

Association und ihre Wirkungen in eine andere Lage versetzt werden. Aber wenn ein Heer sich in Marsch setzt, so geschieht dieß nicht auf einem Fleck und mit einem Mal, sondern die Vorhut marschirt voran, und aus zehntausend Gründen, die ich hier nicht weiter entwickeln kann, sind die industriellen Arbeiter die Vorhut der Menschheit!

Herr Schulze wirft mir vor, ich hätte einen unglücklichen Zwiespalt zwischen die besitzenden und arbeitenden Classen geworfen; ich hätte versucht, sie mit einander in Conflict zu bringen. Wenn irgend Etwas, so ist das nicht wahr! Seht Ihr nicht vielmehr, daß die gegenwärtige Agitation gerade die entgegengesetzte Bedeutung hat? Es ist ein Ruf der Einwirkung auf die öffentliche Ueberzeugung und das öffentliche Gewissen, mit dem ich mich erhoben habe. Es wäre das großartigste Culturfactum, es wäre ein Triumph des deutschen Namens und der deutschen Nation, wenn in Deutschland die Initiative in der socialen Frage gerade von den Besitzenden ausginge, wenn sie aufträte als ein Product der Wissenschaft und der Liebe, nicht als eine Gährung des Hasses und der wilden sansculotischen Wuth! Und gerade das ist ja aber auch der Fall! Die Männer, welche die Initiative in dieser Bewegung ergriffen haben, ich, Rodbertus, Wuttke, Bucher, Dr. Th. Müller*) hier, den Sie kennen, wir alle gehören durch Wissenschaft wie durch Besitz den besten Schichten der besitzenden Klassen an.

Sieht man denn nicht, daß dieß eine großartige Thatsache der Klassenversöhnung ist und daß man gerade nur durch die Wuth ohne Gleichen, mit welcher man sich unseren Bestrebungen entgegenwirft, einen Conflict und einen Haß unter den Klassen zu erzeugen droht? Wenn es gelänge, diese Bewegung todt zu machen, wenn es gelänge, meine Herren, künftige Männer der Wissenschaft von einer ähnlichen Initiative abzuschrecken — —, nun gerade dann würde nichts Anderes die Folge davon sein, als daß wir in einigen Decennien an einer wilden proletarischen Revolution stünden und sich die Schrecken der Junischlacht auch für uns wiederholten! Das darf nicht sein und das soll nicht sein.

Aber eben deßhalb handelt es sich darum, zeitig die Ventile zu öffnen, um einer Explosion vorzubeugen. (Lang anhaltendes Bravo!)

Gerade darum habe ich es auch für nöthig gehalten, im vollen Frieden die Fahne dieser Agitation zu erheben. — Der europäische Himmel hängt voll schwerer Wolken, und Viele haben mich gefragt, warum ich nicht gewartet habe, bis Ereignisse anderer Art mir meine Bestrebungen erleichtern. Aber nein! Ich weiß sehr gut, daß man bei einer durch äußere Ereignisse hervorgerufenen Fieberhitze weit

---

*) Vorstand des Arbeiterbildungsverein zu Frankfurt a. M.

leichter große Erfolge erringen, gewisse Positionen im Sturm davontragen kann.

Aber solche, bloß durch diese Treibhauswärme hervorgerufene Erfolge sind dann Putsche, Ueberraschungen ohne Dauer und ohne Halt; nicht eine in sich feste sociale Partei, sondern wilde Appetite, eine Masse, eben so schnell zerronnen wie gewonnen, stünde dann hinter diesem Banner. Und ferner, eine sociale Bewegung, die in den Tagen der **Gewalt** auftaucht, die gerade könnte den besitzenden Klassen Haß und Furcht einflößen, und Haß und Furcht hervorrufen.

Darum habe ich im tiefen Frieden dieser Ueberzeugung Gelegenheit geben wollen, sich durchzukämpfen und sich durchzubohren. Ich habe es schon Ihren Brüdern in Leipzig gesagt: Sie dürfen die Besitzenden nicht hassen, weder die Bourgeoisie im Allgemeinen, noch etwa die Unternehmer und Meister im Besonderen. Unsere Bourgeoisie hat die bestehenden Zustände nicht gemacht; sie ist nicht der Producent dieser Zustände, sondern nur ihr unwillkürliches Product. Die besitzende Klasse muß vielmehr selbst und freiwillig ihre Intelligenz und Einsicht dazu hergeben, um mit gutem Willen die Fesseln von Ihren Füßen zu feilen.

Aber dazu ist vor Allem Eines nöthig, dieses: daß Sie constatiren, daß Sie diese **Fesseln tragen und fühlen**; dazu ist nöthig, daß Sie Ihr Verlangen constatiren, daß man sie Ihnen abnehme. Wenn Sie das nicht thun, so sind wir ohnmächtig! Wenn Sie sich diese Fesseln **fortlügen** lassen, wenn Sie sich dahin bringen lassen, sie selbst **abzuleugnen**, meine Herren, — wenn Sie mit einem Worte **sich selbst verlassen**, dann wird Sie, und zwar mit Recht, Gott und die Welt verlassen!

Aber eines der Argumente, die Schulze in Berlin gegen mich vorgebracht hat, scheint dort wie anderwärts einen besonders großen Eindruck gemacht zu haben, und gerade dieses Argument ist es, worüber ich mich auf das Lebhafteste und zwar in Ihrem Interesse beschweren muß.

Herr Schulze schließt seinen Vortrag in Berlin bei den Arbeitern der Tonhalle mit folgenden Worten, die ich hier wörtlich aus der Nationalzeitung vorlesen werde: „Und nun, meine Herren, mit mir sind auch Die angegriffen, die mit mir gearbeitet haben, und die den Arbeitern durch ihre Bemühungen das Kapital, über das sie gebieten, flüssig machten. Wenn Sie zwischen Herrn Lassalle und uns wählen sollen, dann brauchen wir nur zu sagen: dort Redensarten und hier Capital; wir werden sehen, wer es am Längsten aushält."

Drei Dinge sind es, die ich hier zu bemerken habe. Zunächst ist es nicht wahr, daß ich Herrn Schulze persönlich angegriffen; ich habe vielmehr seinen Absichten damals in meiner Broschüre eine vielleicht selbst übermäßig warme Anerkennung widerfahren lassen. Das aber wäre doch unerhört, wenn Herr Schulze den Nachweis, den ob-

jectiven Nachweis, daß seine Bestrebungen die Lage des Arbeiterstan=
des nicht bessern können, für einen Angriff auf seine Person ausgeben
wollte; inzwischen das ist das Wenigste. Aber was liegt ferner in
jenen Worten, die ich Ihnen vorgelesen habe? Ich habe nicht ver=
langt von den Arbeitern, daß Sie die Schulze'schen Associationen aufgeben
sollen; dieß ist mir nicht eingefallen. Ich habe den Arbeitern keine
solche Alternative gestellt! Ich habe den Arbeitern bloß aus=
geführt, daß diese Associationen niemals dem Arbeiterstand helfen
könnten, sondern daß sie nur Einzelnen und auch nur in einer be=
schränkten und sehr bald vorübergehenden Weise helfen können. Ist
damit gesagt, daß sie nun solchen Associationen sich entziehen oder
solche Associationen nicht bilden sollen, weil diese nur vorübergehend,
nur Einzelnen, nicht aber dem ganzen Arbeiterstande helfen? Gewiß
nicht, meine Herren! Warum sollten Sie nicht sehen, sich auch einst=
weilen als Einzelne zu helfen, so gut es geht? Es wäre gerade
so, als wenn Jemand einen Einzelnen, der irgendwo besseren Lohn be=
kommen könnte, sagen wollte, er solle das nicht thun, weil dadurch
nicht der ganzen Klasse geholfen wird! Das wäre also lächerlich.
Ich also stellte Ihnen in meiner Broschüre eine solche Alternative
zwischen mir und den Schulze'schen Associationen nicht. Warum
stellt sie Euch Schulze? Warum, wenn er Euch und Eure Sache
und die Sache Eures Standes wirklich liebt, warum bedroht er Euch
mit der Entziehung jener Capitalien? Ich habe mich an Ihre Ver=
nunft gewendet — und Schulze=Delitzsch antwortet mir mit einer
praktischen Drohung!

Aber ferner, meine Herren, was liegt zweitens in dieser
Drohung? Ihr seid also nicht unabhängig in Eueren Associationen
und es ist nicht Selbsthülfe, wie Schulze Euch vorsagt?! Ihr
seid, wie seine Drohung zeigt, von dem guten Willen einzelner
Capitalisten abhängig? Das ist die Freiheit und Unabhängig=
keit bei Schulze? so widerspricht er sich selbst? Nun, ehe ich von
dem Belieben und der Laune einiger weniger Capitalisten abhängig
wäre, dann wollte ich doch, wenn dieß anders bei mir der Fall wäre, lieber
noch vom Staate abhängig sein, d. h. von dem gesammten geistigen
Schicksal der Menschheit und seinem Wandel, als von der Laune eini=
ger weniger Capitalisten. (Allgemeines Bravo!)

Ueberdieß, meine Herren, habe ich das nur als Gegensatz er=
wähnt; denn wie ich Ihnen das letzte Mal ausgeführt habe, in dem
System dieser Credite, die der Staat für Sie zu votiren hat, ist
keine Abhängigkeit irgend welcher Art, um so weniger, als ich Sie
darauf hingewiesen habe, daß Sie nur durch und mit dem allgemei=
nen und directen Wahlrecht diese Forderung erlangen können, das all=
gemeine Wahlrecht aber sich schwer mit einem reactionär und bureau=
kratisch verwalteten Staat verträgt.

Zwar, man hat gesagt: das allgemeine Wahlrecht ist doch keine

Wünschelruthe. Gewiß nicht! Das weiß ich sehr wohl; aber ich werde Ihnen sagen, was es ist. Es ist jene Lanze, die selbst die Wunden heilt, die sie geschlagen hat. Es ist vollständig möglich, daß Sie beim allgemeinen Wahlrecht ein- und zwei- und dreimal schlecht wählen. Gründet man aber eine politische Institution für ein oder zwei oder drei Jahre? Das allgemeine Wahlrecht belehrt durch seinen Gebrauch; und überdieß, daß Ihnen dann diese Belehrung kommen wird, das ist nicht zu bezweifeln; denn bei Ihnen ist das Interesse die Mutter der Einsicht, und das Interesse ist eine fruchtbare Mutter!

Hieran knüpfe ich noch eine kurze Erörterung der politischen Frage. Man hat mir zum Vorwurf gemacht, unzeitgemäß die politische Situation, die Entwicklung der politischen Freiheit, zu stören.

Aber wenn irgend Etwas, meine Herren, so ist es gerade eben so sehr die politische Situation, mein politisches Programm, kurz die politische Seite dieser Erhebung überhaupt, was Sie nöthigt ihr zuzujauchzen.

Wie? Wäre denn keine demokratische Fiber mehr in Euch?

Wäre es wirklich dieser unglaublich schlechten Presse, die seit 15 Jahren Deutschland vergiftet, gelungen, Sie zu entdemokratisiren und in liberale Bourgeois zu verwandeln? in Leute, die an den Fortschritt glauben auf Grund der sogenanten Verfassung in Preußen und des sogenannten preußischen Verfassungslebens? Sind Sie keine Demokraten — wozu rede ich zu Ihnen?! Ich habe keine Lust und keinen Beruf, zu Andern zu sprechen als zu Demokraten! (Bravo.)

Wenn aber noch eine demokratische Fiber in Ihnen ist, — was wollen Sie mit der Fortschrittspartei? und wie können Sie um der Fortschrittspartei willen gegen mich stimmen, der ich das Banner der Demokratie entrollt habe?

(Stürmisches Bravo.)

Was hat die Fortschrittspartei mit der Demokratie zu thun? Untersuchen wir!

Sie hat selbst den Namen der Demokratie verläugnet; sie ist nicht demokratisch, sie will es nicht sein; und der beste Beweis wäre schon der, daß sie sich selbst nicht mehr so nennt. Würde sie diesen alten und ehrlichen Namen verläugnet haben ohne Grund? würde sie ihn ohne Grund vertauscht haben gegen den unbestimmten und schielenden Namen der Fortschrittspartei, wenn sie demokratisch sein wollte?

Dieses Verläugnen des Namens „Demokratie" ist noch in anderer Hinsicht wichtiger als Sie glauben könnten.

Die Demokratie war das einende Band zwischen der Bourgeoisie und dem Arbeiterstand. Indem man diesen Namen abschüttelte und verläugnete, zerschnitt man von jener Seite her dieses einende Band, pflanzte man das Banner nicht mehr einer demokratischen, sondern einer liberalen Bourgeois-Bewegung auf, der Sie folgen sollten und in der That folgten bis auf den heutigen Tag.

Diese Bedeutung hat es, wenn das gleichsam officielle Blatt der Fortschrittspartei zu Berlin, die Berliner Volkszeitung, schon 1859 erklärt hat, es gebe keine Demokratie mehr.*)

Ferner aber abgesehen vom Namen, die Schicksale Deutschlands werden natürlich in den großen deutschen Staaten entschieden und ausgekämpft, nicht in den kleinen, und so muß sich die deutsche Fortschrittspartei schon gefallen lassen, nach ihrem in der Action begriffenen Flügel, nach der Fortschrittspartei in Preußen, beurtheilt zu werden.

Die deutsche Fortschrittspartei ist in Bezug auf mich in einen äußerst lächerlichen Widerspruch verfallen.

Fühlt sie sich identisch, fühlt sie sich als eine und dieselbe Partei mit der preußischen Fortschrittspartei oder nicht?

Fühlt sie sich nicht identisch mit ihr, was will sie von mir? dann habe ich sie nicht angegriffen, dann habe ich sie nicht einmal erwähnt in meiner Broschüre.

Fühlt sie sich aber identisch mit der preußischen Fortschrittspartei — warum ruft sie mir durch den Mund des Dr. Büchner zu:**) ich unterscheide nicht genug zwischen der deutschen und preußischen Fortschrittspartei? — Aber freilich, sie ist mit ihr identisch!

Hat die deutsche Fortschrittspartei ihren preußischen Flügel jemals gemißbilligt? Zeigt sie nicht gerade durch die Erbitterung mit welcher sie in diesem Conflict zwischen der preußischen Fortschrittspartei und mir Partei gegen mich ergriffen hat, von Neuem ihre Identität mit der preußischen Fortschrittspartei?

Die preußische Partei aber hat das allgemeine Wahlrecht nicht auf ihrem Programme; sie hat es nicht nur nicht auf ihrem Programme, sondern nachdem es Herr Streckfuß in Berlin darauf gesetzt hatte, hat sie es einige Tage später gestrichen.

Ich habe dieses mir mitgetheilte Factum bereits in meiner Leipziger Rede erklärt, die lange gedruckt und verbreitet ist. Kein Blatt, kein Mensch hat widersprechen können.

Ueberdieß, meine Herren, die Herrn Faucher und M. Wirth haben sogar in Leipzig ausdrücklich erklärt: da das Drei-Classen-Wahlgesetz eine solche Kammer geliefert habe wie die jetzige preußische, so sehe man ja, man brauche das allgemeine Wahlrecht gar nicht!!

Die Berliner Volkszeitung erklärte schon in ihrer Nr. vom 21. November 1858: „Die Cardinalfrage der Demokratie, das allgemeine

---

*) Siehe z. B. die Art. der Berliner Volkszeitung vom 28., 29., 30. Oct. 1859 u. v. andere.

**) In seinem gedruckten Bericht über meine Broschüre.

und geheime Wahlrecht, haben wir vertagt und auf Jahre hinaus vertagt!"

Aber wenn man auch das Alles verzeihen wollte, wohin hat es denn diese bürgerlich-liberale Bewegung gebracht, und wohin kann sie es bringen? Hat sie auch nur ihren eigenen bürgerlich-liberalen Zwecke erreicht?

Jetzt liegen doch die Thatsachen auf dem Tisch und sollten für Jedermann klar sein! Wohin, frage ich, hat es die bürgerlich-liberale Bewegung in den 15 Jahren, die seit 1848 verflossen sind, während welcher die Demokratie von dem Schauplatz abgetreten war, wohin hat sie es gebracht?

Nun, von Compromiß zu Compromiß, von Nachgiebigkeit zu Nachgiebigkeit, von Vermittlung zu Vermittlung dahin, daß wir heute in Preußen nicht einmal das haben, was in den kleinen constitutionellen deutschen Ländern schon seit den zwanziger Jahren besteht, daß wir nicht einmal das Budget-Bewilligungsrecht, nicht einmal die Grundlage irgend welchen Verfassungs-Staates besitzen, (Bravo!) daß wir im reinen Absolutismus leben! So hat die liberale Bourgeoisie Stück für Stück alle Errungenschaften wieder verloren, welche uns die Demokratie im Jahre 1848 mit ihrem Blute erkämpft hat, so weit verloren, daß sie jetzt auch noch das letzte Recht, an welchem der Bourgeoisie selbst am meisten gelegen war, das Budget-Bewilligungsrecht verloren hat, und selbst so noch hat die Fortschrittspartei, welche die große Majorität in der preußischen Kammer besitzt, sich nicht entschließen können, einen offenen und entschiedenen Bruch mit der Regierung zu erklären, sondern sie nergelt und vermittelt weiter. Statt, wie ihre unbedingte Pflicht gewesen wäre, das Tafeltuch zwischen der Regierung und ihr zu zerschneiden, bleibt sie ruhig an demselben Tisch mit einer Regierung sitzen, die sie selbst für criminalrechtlich verantwortlich erklärt hat! (Bravo.)

Während sie in ihren Reden selbst erklärt, daß die Regierung die Verfassung umgestürzt hat, bleibt sie ruhig, Amendement auf Amendement stellend, sitzen und hilft der Regierung somit den äußeren Schein festzuhalten, als bestände noch ein constitutioneller Zustand überhaupt.

Sie ist aus Schwäche geradezu der Complice, der Mitschuldige der Regierung.

Das Maß unserer Geduld ist also erschöpft und muß es sein.

Warum habe ich mich nicht schon lange erhoben, meine Herren? denn ich und die entschiedene Demokratie überhaupt, wir haben nie gezweifelt, daß die von der liberalen Bourgeoisie an Stelle der Demokratie gesetzte Bewegung diesen kläglichen Ausgang zuletzt nehmen müsse.

Wir haben das Jahre lang vorher gewußt, aber wir fühlten die

Pflicht zu warten, bis die Thatsachen auf dem Tisch liegen, Thatsachen, welche die allgemeine Ueberzeugung bestimmen könnten.

Heute ist dieß eingetreten. Wer heute nicht sieht, muß blind sein oder will nicht sehen.

Heute also ist es ein ganz gedankenloses Gerede, wenn man mir vorwirft, die Einigkeit aufheben zu wollen, denn wenn die Einigkeit der Güter höchstes wäre, nun, warum sind wir denn nicht Alle, wir und die Fortschrittspartei einig mit der absolutistischen und Militärpartei und umhalsen uns gegenseitig? (Heiterkeit.)

Also darauf kommt es an, worin man einig ist: eine Einigkeit in der Schwäche, in der Würdelosigkeit und in der Mattheit, die ist kein Vortheil.

Viel besser ist es, alle frischen Elemente herauszusondern und um ein großes und starkes Banner zu vereinigen.

Noch vor zwei Monaten hat man mich damit angegriffen, daß selbst die ganze liberale Presse in England unsere Fortschrittspartei anerkenne. Es ist wahr, das war noch vor 2 Monaten der Fall.

Lesen Sie aber die Artikel, die seitdem in den „Times", in den „Daily-News" stehen 2c., Artikel die sich nicht mehr gegen die Regierung, sondern gegen unsere Kammer wenden und geradezu erklären, eine Kammer, die sich dieß bieten ließe, die sei — wörtlich — der Gipfel aller Erniedrigung für das Volk. (Bravo.)

Also, was war denn mein Unrecht, meine Herren? Daß ich eben ein Politiker war, d. h., daß ich um einige Monate voraus wußte, was einige Monate später alle unparteiisch denkenden Menschen sagen würden!

Wenn man mich also gefragt hat (es ist Dr. Büchner der mir die Frage gestellt,): „warum warten Sie nicht, bis die Bourgeoisie ihren Kampf mit dem Militär-Staat ausgekämpft hat," nun, so kann ich Ihnen jetzt die wahre Antwort geben: „Ich habe auf jenen Zeitpunkt nicht gewartet, weil dieser Zeitpunkt niemals kommen wird!

Die liberale Bourgeoisie kann diesen Kampf nie siegreich auskämpfen, das einzige Mittel zur politischen Freiheit ist gerade gleichfalls wieder diese Bewegung, die ich erhoben habe, und das will ich Ihnen nun beweisen mit Gründen, die immer stärker und mächtiger anschwellen sollen und für die ich mir Ihre ganze Aufmerksamkeit erbitte.

Unsere liberale Bourgeoisie, sage ich, kann den Militär-Staat nicht brechen, kann die politische Freiheit nicht erkämpfen.

Der erste und noch allerschwächste Grund hierfür ist, daß sie als Klasse untergegangen ist in einer halben Bildung.

Die höchste Bildung erzeugt Kraft, die halbe raubt sie.

Dieß ist aber nur der schwächste Grund. — Ich weise Sie zunächst auf Thatsachen hin.

Hat die Bourgeoisie bei uns jemals sich zu der Energie der französischen Bourgeoisie von 1789 und 1830 emporgeschwungen? Hat sie jemals irgendwo eine energische Action hervorgerufen? Niemals!

Als Ludwig XVI. in Frankreich die constituirende Versammlung auflösen wollte, da antwortete die Bourgeoisie einstimmig durch den Mund Mirabeau's: Wir werden nur der Gewalt der Bajonette weichen.

Nun wohl, im Jahr 1849 tagte auch hier in dieser Stadt eine constituirende Versammlung — und als der König von Preußen die Deputirten zurückrief, da lief die große Majorität eiligst nach Haus und nur eine kleine Minorität widerstand und ging nach Stuttgart. — Von den Königen sagt man: ultima ratio regum, der letzte Grund der Könige, ist die Kanone.

Unsere Bourgeoisie wird niemals, geschehe was wolle, an die Energie eines solchen Grundes appelliren! Daran hindert sie nicht nur die Furcht vor den Regierungen, sondern auch die Furcht vor dem Volke!

Heute gängelt sie Sie, aber sie weiß sehr genau, daß sie in der Hitze gewisser Ereignisse diesen Einfluß verlieren würde und sie fürchtet Sie immer noch mehr als den Absolutismus! Und darum wirft sie sich, und wenn es Fußtritte von Oben regnet, immer von Neuem wieder an den Stufen des Thrones winselnd hin und erklärt die Hoffnung nicht aufzugeben. (Stürmisches Bravo.)

Erlauben Sie, damit man nicht sage, daß ich meine Gegner mit meinen Worten schildere, daß ich sie Ihnen mit ihren eigenen characterisire, daß ich also zum Beweise eine Stelle aus einer Rede vorlese, die Schulze=Delitzsch am 30. November v. J., also bereits unter dem gegenwärtigen Ministerium, bereits unter dem gegenwärtigen Umsturz der Verfassung in Frankfurt gehalten hat, (ich weiß nicht, ob das Frankfurt a. M. oder Frankfurt a. O. war,): Es ist eines der Blätter seiner Farbe, die Vossische Zeitung, nicht ein demokratisches Blatt, aus welchem ich sie vortrage. Er weißt darauf hin, daß es die preußische Regierung sei, die doch einmal historisch zur Vollbringung des Einigungswerkes durch ihre Machtstellung in Deutschland berufen sei und fährt wörtlich fort:

„Die Zeit des Absolutismus der nach eigenem Sinn und mit selbstischem Gutdünken die Geschicke der Völker lenken wollte, sei vorüber und die so vielfach von Gott gesegnete preußische Dynastie werde auch einen Träger finden, der das geläuterte monarchische Princip in wahrhaft richtiger Weise zu verstehen und für das eigene Land, wie für das gesammte Deutschland zur Geltung zu bringen wissen wird. Muth und Ausdauer im Volk würden einen solchen Träger in der preußischen Dynastie schaffen, wenn er auch wirklich noch nicht vorhanden sei." (Großes Gelächter.) „Dasselbe (das

Volk) lege gerade seine wirkliche politische Reife **dadurch** an den Tag, daß es den Weg der Revolution im Gegensatz zu den andern Völkern **verabscheue** und den der friedlichen und sittlichen Agitation betrete."

Und dieß, meine Herren, wurde gesagt, nachdem bereits das Budget-Bewilligungsrecht verweigert und dem Votum der Kammer zum Trotz die Militär-Organisation eigenmächtig durchgeführt war! Dieß wurde gesagt in einer Zeit, wo principiell die Dinge ganz so lagen wie heute!

Wer also, meine Herren, will Sie der Reaction überliefern, wer will Sie mit Gewalt der preußischen Reaction in die Hände spielen?

Und unter **solchem** Banner wollten Sie marschiren? Und unter **solchem** Banner glauben Sie eine so ernsthafte und reale Macht, wie der Absolutismus und der Militärstaat ist, beugen zu können?

Aus Furcht vor Ihnen zwingt man sich zur Hoffnung nach Oben; und mit dieser Furcht nach Unten und mit dieser Hoffnung nach Oben glauben Sie, könnte man Etwas ausrichten?

Wie sagt Goethe?: „Was ist der Philister? Ein hohler Darm
   Voll Furcht und Hoffnung, daß Gott erbarm!"
       (Gelächter.)

Eine solche Philisterbewegung kann niemals Resultate haben, und wenn wir Jahrhunderte, und wenn wir durch ganze geologische Erdperioden hindurch warten wollten!

Jetzt werde ich aber erst den letzten und wahrhaften Grund geben, weßhalb die liberale Bourgeoisie die politische Freiheit bei uns nicht herbeiführen kann.

Ich habe Sie bisher nur auf Thatsachen verwiesen. Sie sollen jetzt auch ihren tiefsten nothwendigen Grund erfahren.

Wenn wir seit 1848 Schanze für Schanze, Position für Position, Alles verloren haben, was wir damals erkämpften, so begreifen Sie, daß eine solche 15jährige Geschichte nicht zufällig sein kann; daß sie einen innern Grund haben muß, der sie mit Nothwendigkeit hervorruft.

Diesen Grund werde ich Ihnen jetzt entwickeln.

Sie werden sehen, daß sich aus diesem Grunde die gesammte deutsche Geschichte seit 1848, und ebenso die französische seit 1789 erklärt; Sie werden daraus ersehen, daß der Grund für die Energielosigkeit unserer liberalen Bourgeoisie im Vergleich mit der französischen durchaus nicht blos im Nationalcharakter liegt, sondern weit tiefer, und daß der einzige Weg zur Erlangung der politischen Freiheit der ist, sich um das Banner zu schaaren, das ich heute vertheidige.

Dieser Grund lautet folgendermaßen: die **bloß politische Freiheit** kann heute nicht siegreich erkämpft werden, weil kein materielles Interesse, weil kein Classeninteresse und somit keine Classe hinter ihr steht.

Wer steht denn mit Energie und Aufopferung hinter der politischen Freiheit? Wer?

Ich, und noch etwa tausend Ideologen in Deutschland.

Unter Ideologen verstehe ich in diesem Augenblicke alle Solche, die ihr Lebtage in Büchern gelebt haben und gewohnt sind, in Ideen und Gedanken zu existiren und Alles für sie aufzuopfern. Außer diesen Ideologen vielleicht noch, wenn es hoch kommt, 10 oder 15 Tausend Menschen, zerstreut über ganz Deutschland, die, ohne Ideologen zu sein, durch ihr Naturell mit einer so heißen Liebe für die Freiheit begabt sind. Was kann diese Handvoll Menschen? Aber welche Classe steht hinter der politischen Freiheit? Keine!

Die liberale Bourgeoisie liebt freilich die Freiheit, aber sie liebt sie, wie man ein Ornament im Zimmer, wie man einen schönen Schmuck liebt; kann man ihn haben, ist es gewiß besser; kann man ihn nicht haben, ist es auch gut! Man geht dafür weder ins Wasser noch ins Feuer.

Die Hauptsache für die Bourgeoisie bleiben die materiellen Interessen, Handel und Wandel, Industrie und Production; aber alle diese erfordern Ruhe, und ernste Kämpfe für die Freiheit würden diese Ruhe momentan nur gefährden. Und so begibt sich die liberale Bourgeoisie noch viel lieber der politischen Freiheit, als daß sie durch einen ernsten Kampf die Ruhe und dadurch ihre materiellen Interessen gefährdet.

Wer also, welche Klasse steht denn hinter der politischen Freiheit? Der Arbeiter vielleicht? Ja, für einige Wochen, für einige Monate freilich, in Folge seines warmen und edelmüthigen Gefühles! Und so kann und wird er auch immer von Neuem, wie im März 1848, momentane Schlachten für sie schlagen und momentane Siege für sie erringen. Aber auf die Dauer kann auch er nicht hinter der bloß politischen Freiheit ausharren! Dieß ist unmöglich.

Die Sorgen für seinen Taglohn, für seine und seiner Familie Existenz nehmen ihn zu sehr in Anspruch; er kann von der bloß politischen Freiheit nicht satt werden, und so muß er zuletzt ermatten und auf die Dauer die Dinge gehen lassen, wie sie eben gehen.

Werfen Sie von hier aus einen Blick auf Frankreich, und es werden sich Ihnen die scheinbar größten Widersprüche in Frankreichs Geschichte, sowohl die Revolution von 1789 wie der Napoleonische Staatsreich von 1851, übereinstimmend erklären.

Die Revolution von 1789 war durchaus nicht eine bloß politische Revolution: es ist ein hoher Irrthum, dieß zu glauben.

Es war eine sociale Revolution, eine Revolution mit materiellen Interessen; es handelte sich für die Bourgeoisie darum, die feudale Production in Industrie und Ackerbau zu brechen und die freie Aus=

beutung des Capitals, die heute überall besteht, an ihre Stelle zu setzen.

Für diese Zwecke hatte sie Energie und Feuer.

Es war eine sociale Revolution, und um solche sociale, materielle Interessen handelte es sich 1789 und auch noch 1830. Als aber unter dem gegenwärtigen Napoleon, von dem freilich nicht zu befürchten war, daß er die feudalen Productionszustände wieder herstellen werde, daß er die materiellen Interessen der Bourgeoisie verletzen könne, als es sich jetzt darum handelte, sage ich, gegen ihn die bloß politische Freiheit zu schützen, — da war die französische Bourgeoisie eben so schwach und matt, wie die unsere, und ließ sich und läßt sich nun schon seit 12 Jahren die politische Freiheit ruhig rauben!

Handelte es sich bei uns heute um die socialen Freiheiten für die Bourgeoisie, um die es sich 1789 in Frankreich handelte, um die Capital-Freiheit und alle jene materiellen Interessen, die mit ihr verbunden sind, nun, unsere Bourgeoisie würde vielleicht dieselbe Energie finden, wie damals die französische.

Aber um diese materiellen Fragen handelt es sich nicht mehr. Unsere Regierungen haben sich vorgesehen. Sie haben die sociale Seite der 1789er Revolution von selbst und zum Theil seit lange eingeführt; und die blos politische Freiheit vermag die Bourgeoisie nicht ins Feuer zu bringen, vermag sie nur zu frommen Wünschen und unschuldigen Redeübungen zu stimmen.

So habe ich nun gezeigt, daß hinter der bloß politischen Freiheit keine Klasse steht und stehen kann.

Ihr entgegen aber stehen die Militärpartei und der Adel, der Absolutismus und die Bureaukratie, und zwar mit der höchsten Energie, mit aller Energie, welche sociale Interessen gewähren, denn für diese Classen handelt es sich darum, die Reste ihrer Herrschaft zu vertheidigen.

Hinter der Reaction stehen also Klassen mit der höchsten Energie, die Nägel und Zähne daran setzen; hinter der politischen Freiheit steht keine Klasse, steht Niemand als eine Handvoll Ideologen und Gefühlsmenschen!

Kann es Sie da wundern, daß die politische Freiheit seit 15 Jahren Schritt für Schritt von der Reaction besiegt wurde? Kann es Sie da wundern, daß die Bourgeoisie nicht vermag und nie vermögen wird, ihren Kampf mit dem Militärstaat siegreich auszufechten?

Es ist also gerade das größte Interesse der politischen Freiheit, ein Classen-Interesse, ein sociales Interesse hinter sie zu werfen, und zwar gerade das Interesse der an Zahl und Kraft so unendlich überwiegenden unbemittelten Classen überhaupt.

Jeder, der die politische Freiheit liebt, müßte mir vor Allem dafür dankbar sein, denn auch die politische Freiheit wird nur unter diesem Zeichen siegen!

Sie fühlen jetzt, meine Herren, wohl deutlich, wie lügnerisch es war, mich zu beschuldigen, der Reaction zu dienen!

Ich sage nicht bloß wie unwahr es gewesen! Es würde ganz erstaunlich unter meiner Würde sein, meinen Charakter erst noch zu vertheidigen.

Der rheinische Arbeiterstand, mit dem ich 10 Jahre gelebt habe und der mich kennt, er hat sich in Düsseldorf, Solingen, Köln, Elberfeld mit Entrüstung erhoben, um diese nichtswürdige Verläumdung zurückzuweisen.

Ich sage also nicht bloß: daß diese Beschuldigung unwahr war, sondern daß diese Unwahrheit auch denen bekannt war, welche sie gegen mich vorgebracht; daß sie bewußt und schmählich ins Gegentheil hinein gelogen! Nicht Reaction befürchtet die liberale Bourgeoisie von mir, wie sie behauptet, sondern umgekehrt, sie fürchtet, daß sich aus dieser Agitation im Laufe einiger Jahre das allerernsthafteste Gegentheil von Reaktion entwickeln könnte!

Geben Sie mir 500,000 deutsche Arbeiter, die in meinen Verein eintreten — und unsere Reaction ist nicht mehr! Das weiß unsere Bourgeoisie, das fürchtet sie von mir, deßhalb hat sie sich mit dieser Wuth auf mich gestürzt und während sie fürchtet, daß ich Ernst mache mit der politischen Freiheit, beschuldigt sie mich, der Reaction zu dienen!

Jetzt stimmen Sie über den Antrag, den ich bei Ihrem Präsidenten hinterlegt habe, da es neulich zur Abstimmung über einen ähnlichen, damals von mir eingereichten Antrag nicht gekommen ist.

Jetzt stimmen Sie und Jeder nach seinem Gewissen.

Und noch Eins: die Spaltung zwischen uns und der Fortschrittspartei läßt sich nicht mehr vermeiden.

Es ist eine Spaltung wie die Sonderung der Spreu vom Weizen! Und jedenfalls — diese Spaltung ist einmal eine vollendete Thatsache; Leipzig, Hamburg, Solingen, Düsseldorf, Elberfeld, Köln werden das Banner dieser Bewegung nicht mehr sinken lassen.

Die Spaltung ist da, jetzt ist es nicht mehr Zeit zur Diplomatie und zu Nützlichkeitsrücksichten; auf Ehre und Gewissen muß sich jetzt Jeder von Ihnen sondern zur Spreu oder zum Waizen!

Ueberdieß: noch habe ich das Mißverständniß zurückzuweisen, daß ich eine abgesonderte Bewegung machen wollte mit dem bloßen Arbeiterstande, das ist mir nicht eingefallen.

Das Banner, das ich erhoben, ist das demokratische Banner überhaupt.

Es gibt sehr tüchtige, sehr kräftige Elemente in der Bourgeoisie. Ich selbst und so viel Andere unter uns gehören ja zu ihr. Alle diese werden und müssen sich zu uns halten.

Ich habe natürlich doch Nichts gegen die Glieder eines Standes, dem ich selbst angehöre! Ich erhebe mich nur gegen die schläfrige und matte Bewegung, welche die Bourgeoisie als Classe betreibt und als Classe einzig betreiben kann, gegen die liberal-fortschrittliche Bewegung.

Die Frage ist nur folgende: Sollen wir mit allen tüchtigen Elementen in der Bourgeoisie hinter diesem farblosen, schläfrigen liberalen Banner einhergehen und uns von seiner Schwäche mit anstecken lassen? Oder aber sollen alle tüchtigen Elemente der Bourgeoisie mit uns hinter dem unserigen einhergehen und von uns mit unserer Energie durchdrungen werden?

Es ist eine allgemeine demokratische Volksbewegung und keine bloße Classenbewegung, zu der ich rufe; kein wahrer Demokrat wird davor zurückschaudern, daß das Loos der arbeitenden Klasse durch eine vom allgemeinen Stimmrecht gewählte Versammlung verbessert werden soll. Kein wahrhaft demokratisches Herz wird davor zurückbeben, daß die vereinigte Intelligenz der Gesellschaft durch staatliche Maaßregeln den nothleidenden Klassen helfen soll.

Es ist dieß im Gegentheil zuletzt der wahre Vortheil aller Classen.

Helfen Sie mir also dieses Banner hochhalten und binnen Jahresfrist wird sich um dasselbe versammelt haben Alles, was einen demokratischen Blutstropfen hat in ganz Deutschland! (Bravo!)

Noch ein letztes Wort ehe ich schließe. Das können Sie nicht entscheiden, daß ich Unrecht habe! Ich bin gerechtfertigt schon heute vor allen wahrhaften Männern der Wissenschaft und werde jedenfalls eines Tags gerechtfertigt sein vor der Geschichte; denn so gewiß ich vor Ihnen stehe, so gewiß ist es, daß eine Zeit kommen wird, welche solche Staatseinrichtungen sehen wird.

Aber in Einem werde ich Unrecht haben, wenn Sie gegen mich stimmen. Wenn Sie, wenn die große Majorität des deutschen Arbeiterstandes gegen mich stimmen kann, so wird dann bewiesen sein, daß der deutsche Arbeiterstand noch nicht reif ist zur Klarheit und Einsicht und daß es deßhalb vorzeitig ist, ihn befreien zu wollen.

Stimmen Sie gegen mich, stimmt die große Majorität des deutschen Arbeiterstandes gegen mich, ja, dann werde ich zu Herrn Schulze sagen: Sie haben Recht, diese Leute sind noch nicht so weit, daß ihnen geholfen werden kann!

Sähe ich nur auf mich und meinen natürlichen Lebens-Egoismus, meine Herren, so würde ich heiß wünschen müssen, daß Sie gegen mich entschieden, denn würden Sie und nicht nur Sie, sondern wirklich der deutsche Arbeiterstand in seiner großen Majorität gegen mich entscheiden, dann würde ich, gerechtfertigt vor der Wissenschaft und sicher, einst gerechtfertigt zu sein vor der Geschichte, mich ruhig wieder in die Wissenschaft zurückziehen, mich mit einem traurigen Lächeln über Ihre

Unreife etwa an dem Golf von Neapel ausstrecken und die linden Lüfte des Südens über mich hinwehen lassen. Ich würde ein Leben voller Qual, Anstrengung, Aerger und Aufreibung ersparen. Für mich also würde es äußerst leicht sein, dieß zu tragen.

Sie aber, meine Herren, Sie würden einen der besten Freunde Ihrer Classe verlieren und nicht nur mich, vielleicht auf Decennien hinaus würde sich Jeder abschrecken lassen, der Ihrer Classe helfen wollte. Er würde sich sagen: diese Classe ist noch nicht so weit, lassen wir uns durch das Beispiel Lassalle's warnen! Und darum sage ich Ihnen, meine Herren, bei der ganzen Liebe, die ich zu der Sache der arbeitenden Classen in mir trage, meine ganze Seele hängt an Ihrer Abstimmung.

Jetzt stimmen Sie!
(Lautes anhaltendes Bravo.)

Nachdem mehrere Redner für und wider Herrn Lassalle gesprochen und nachdem circa 40 Mitglieder mit einem Hoch auf Schulze-Delitzsch den Saal verlassen hatten, erfolgte bekanntlich die Abstimmung mit über 400 Stimmen gegen eine zu Gunsten der von Herrn Lassalle gestellten Anträge.

I.
Anhang.

Wir laſſen hier noch einige auf den Hergang bei der Frankfurter Verſammlung bezüglichen Documente folgen:
1) Bei dem Unglauben, auf welchen es in andern Städten vielfach geſtoßen iſt, daß das Central=Comité des Maingau's alle Arbeiter, die nicht Mitgliede oder Arbeiterbildungsvereine, vom Stimmrecht ausgeſchloſſen habe, laſſen wir zum Beweis deſſen hier die Ankündigung des Central=Comité's aus der . . . . . . Zeitung folgen:

Arbeitertag.
Sonntag den 17. Mai, Nachmittags 3 Uhr, im großen Saale des Saalbaues.

Tagesordnung:
1) Antrag des Mainzer Arbeiter=Bildungsvereins in Betreff des Beſuchs öffentlicher Spielhäuſer;
2) Antrag in Betreff der Aufforderung des Leipziger Comité's zur Bildung eines deutſchen Arbeiter=Verein's auf Grund des Laſſalle'ſchen Programms.

Der Saal wird um 2½ Uhr geöffnet.

Der untere Saalraum iſt für die Mitglieder der Arbeiter=Vereine reſervirt, welche ihre Mitglieder=Karten vorzuzeigen haben.

Die Gallerien ſind für Zuhörer geöffnet und haben dieſelben 6 Kreuzer per Perſon als Beitrag zu den Tageskoſten zu entrichten.

Eintrittskarten zu den Logen ſind von Freitag den 15. Mai an auf dem Bürean des Central=Comité's (große Eſchenheimergaſſe 31) zu haben.

Selbſtändige auf die Tagesordnung bezügliche Anträge ſind bis ſpäteſtens Freitag den 15. Mai bei dem Centra=Comité einzureichen.

Durch eine weitere Bekanntmachung werden die auswärtigen Vereine rechtzeitig Nachricht erhalten, welche Eiſenbahn=Directionen eermäßigte Fahrpreiſe bewilligen.

Das Central=Comité der Arbeiter des Maingaues.

2) Der unwahren Behauptung der Frankfurter Handelszeitung und anderer liberalen Blätter gegenüber, daß am 17. Mai die „große Masse der Arbeiter" mit einem Hoch auf Herrn Schulze=Delitzsch den Saal verlassen habe, drucken wir hier die in verschiedenen Frankfurter Blättern von Herrn Dr. Th. Müller, dem Präsidenten des Frankfurter Arbeiterbildungsvereins, veröffentlichte Erklärung, „Einige Zahlenlügen" ab.

„Arbeitertag

17. Mai, im Saalbau zu Frankfurt am Main.

Einige Zahlenlügen.

Es waren beim Beginn der Verhandlungen nach einer Zählung des Herrn Dr. Huhn **527** Mitglieder von Arbeitervereinen des Maingaues zugegen.

Nach eigener Erklärung einiger Mitglieder des Centralcomités faßt der Raum höchstens 600 Personen.

Von dem Centralcomité wurden **1300** anwesende Mitglieder von Arbeitervereinen des Maingaues in das Protokoll verzeichnet!!!

Beim Schlusse der Versammlung wurde inmitten einer Schaar von **höchstens 60 Personen**, während dieselben den Saal verließen ein dreifaches Hoch auf Schulze=Delitzsch ausgebracht.

An diesem Hoch sich nicht betheiligende Personen waren 200 bis 250 zugegen.

Widerspreche wer kann!

Dr. Th. Müller,
Vorsitzender des Arbeiterbildungsvereins
zu Frankfurt am Main."

3) Der unwahren Behauptung der Frankfurter liberalen Presse gegenüber, daß zwischen dem Centralcomité und Herrn Lassalle vereinbart worden sei, daß derselbe am 14. Juni in Darmstadt den Schluß seiner Rede geben solle, veröffentliche ich hier den Brief des am 17. Mai beim Schlusse der Sitzung fungirenden Präsidenten Herrn Lachmann aus Offenbach an mich:

Offenbach, den 22. Mai 1863.

Geehrter Herr!

Gerne bin ich bereit, Ihren Fragen wahrheitsgetreu zu antworten, glaube auch, daß von beiden Parteien, gerade ich einer der Wenigen war, die aufrichtig an diesem Tage keiner Partei angehörten.

Aber fast alle übrigen für und gegen Sie, sowie sie selber (verzeihen Sie geehrter Herr diesen Ausdruck) waren leidenschaftlich und ließen sich im Drange der Gefühle fortreißen, daher klingt manches

Wort heute hart was man doch am Sonntag für Recht hielt. Nun zur Sache. Vor dem Schluß der Versammlung am 17. l. M. hatten Sie Herr Lassalle mir auf meine Frage, ob Sie, wenn sich die heutige Versammlung etwa vertagen ließe oder würde so freundlich wären und in 4 Wochen die Fortsetzung Ihrer Rede hier in Frankfurt oder in Darmstadt halten würden — laut und vernehmlich ja! geantwortet, es schien Ihnen sogar erwünscht zu sein. Solches hörten die Herrn A. König (vom Centralcomité) wie der Herr L. Sonnemann mit an, doch eine weitere Verhandlung hierüber kam einstweilen nicht vor.

Der Versammlung wurde so lange ich präsidirte nur wiederholt angezeigt, daß in 4 Wochen, wenn alle Redner für und gegen sich deutlich und bestimmt ausgesprochen, so daß alles verstanden, soll eine Abstimmung erfolgen.

Kurz zuvor der Arbeitertag geschlossen wurde und mehrere Herren die Tribüne betraten, auch viele derselben Fragen an Sie richteten, also an ein richtiges Uebereinkommen nicht zu denken war, erklärte der Herr Heymann von der Tribüne: Dienstag Abend wird Herr Lassalle im Vereinslocale zu Frankfurt a. M. seinen Vortrag bis zu Ende abhalten und ladete die Anwesenden die Lust zur Sache hätten dazu ein.

Daraufhin schloß ich die Versammlung.

Später fragte ich Sie nochmals (als die Ruhestörer fort waren) ob Sie jetzt vielleicht geneigt wären für uns, die Sie bis zu Ende anhören wollen, Ihren Vortrag abzuhalten. Sie aber werther Herr wiesen solches entschieden zurück.

Das ist der Sachverhalt, wahr und getreu soweit in meinem Gedächtniß.

Hochachtungsvoll

A. Lachmann.

Es ist in diesem Briefe selbst constatirt, daß die vom Präsidenten während der Sitzung in den Pausen an mich gerichtete Frage, ob ich, „wenn sich die Versammlung etwa vertagen würde," wieder zu kommen bereit sei, nur eine eventuelle und von keiner Vereinbarung gefolgte vorläufige Anfrage war.

Die Anfrage hatte überdieß nicht den Sinn, ob ich zur Fortsetzung meiner Rede wieder kommen wolle und konnte diesen, so lange die Sitzung nicht geschlossen wurde, gar nicht haben. Denn Niemand konnte wissen, daß ich später gezwungen sein würde, meine Rede abzubrechen. Ich selbst konnte nicht anders voraussetzen, als daß ich sie zu Ende halten würde, wozu, da die Versammlung am 17. um 8 Uhr schloß und der folgende Theil meiner Rede am 19. nur noch 1½ Stunden in Anspruch nahm, auch sehr wohl die er=

forderliche Zeit vorhanden gewesen wäre. Die Anfrage hatte vielmehr den Sinn, ob ich, wenn nach Beendigung meiner Rede an diesem Tage keine Zeit mehr für die Gegner zur Antwort wäre, zur Fortsetzung der Debatten am 14. Juni erscheinen wolle. Hierauf einzugehen wäre ich, falls ich zu Ende gehört worden wäre, nicht abgeneigt gewesen, um nun auch die Gegner zu hören und ihnen zu repliciren, und dieß war es, was ich Herrn Dr. Büchner und Lachmann auf ihre vorläufigen eventuellen Anfragen geäußert hatte.

Nachdem ich aber durch provocirte Unarten genöthig gewesen war, meine Rede abzubrechen, konnte selbstredend eine solche Bereitwilligkeit bei mir nicht mehr vorhanden sein und war nun so wenig vorhanden, daß, wie der Präs. Herr Lachmann constatirt, nicht nur kein solches Uebereinkommen mit mir getroffen, sondern von mir noch vor Schluß der Versammlung durch Herrn Heymann die Fortsetzung der Rede auf den 19. Mai verkündet und auch „nach Abzug der Ruhestörer" sogar die sofortige Fortsetzung der Rede entschieden verweigert wurde.

F. Lassalle.

II.
Anhang.

Lassalle und die Statistik.

Aufsatz von Wilhelm Wackernagel in der Deutschen Allgemeinen Zeitung vom 7. Juni.

(Der Verfasser ersucht diejenigen Redactionen von Zeitschriften, welche über den Vortrag Lassalle's auf dem maingauer Arbeitertag berichtet haben, um gefälliger Abdruck dieses Aufsatzes.)

„Die Lüge ist eine europäische Macht!" so begann Lassalle seinen Aufsatz über die französischen Nationalwerkstätten von 1848" (Nr. 101), und er that recht daran, denn er weiß selbst am besten, wie man diese Macht für seine Zwecke in Bewegung zu setzen vermag. Das Sprüchwort sagt: „Was ich denk' und thu', trau' ich andern zu"; so hat denn auch Lassalle sich bewogen gefunden, meinen an ihn gerichteten „Offenen Brief" als ein Lügengewebe zu bezeichnen, indem er auf dem maingauer Arbeitertag am 17. Mai (Nr. 117) mir und der liberalen Presse vorgeworfen hat, daß wir den Arbeitern die Wahrheit ableugneten, um sie über ihre Lage zu täuschen, daß wir die Thatsachen entstellten, um sie über ihre Macht zu belügen, daß wir nur die Zahlen fälschten, um ihnen die Macht zu verbergen (der Referent bemerkte: „Lassalle wiederholt das Wort „Macht" von Zeit zu Zeit und spricht es jedesmal mit gewichtiger Betonung"), daß er aber die Thatsachen fort und fort wiederholen werde, und wenn Hr. Wackernagel und die liberale Presse vor Wuth bersten ꝛc.

Lassalle's neueste Staatsphilosophie wird bekanntlich von zwei Säulen getragen, einmal von b.r Thatsache, daß 96 Procent der Bevölkerung in gedrückter Lage leben, und zweitens von dem ehernen, grausamen Gesetz Ricardo's über die Regulirung des Arbeiterlohns. Lassalle hat auch jene Zahl durch das Beiwort „grausig" jeder Discussion zu entrücken gesucht, denn er wußte sehr wohl, daß bei näherer Beleuchtung derselben diese Grausigkeit gar sehr dahinschwinden würde. Wie der Priester eines vernichteten Cultus, vor Wuth und Grimm sich verzehrend, an den Trümmern der gestürzten Tempelsäulen lehnt, so schleudert auch Lassalle seine zornigen Blicke und seine wuthdurchzitternden Flüche auf die „barbarischen" Anhänger der Manchesterschule, die ihm so erbarmungslos die Säulen seines Heiligthums umgestürzt haben.

Lassalle wird, wenn er diesen Aufsatz liest, merken, daß er, statt die Gegner mit seinen „Keulenschlägen" zu zermalmen, nur sich selber zermalmt hat, und daß er von den Dingen, über welche „er mit kräftiger Faust Schriften auf den Markt schleudert", herzlich wenig versteht. Aus einem Dutzend statistischer Werke Zahlen ausschreiben, kann jeder; die Kunst besteht darin, diese Zahlen lesen zu können.

Lassalle hat nach dem Referat in der Deutschen Allgemeinen Zeitung zu Frankfurt gesagt:

Herr Wackernagel sagt: Ich (Lassalle) habe übersehen, daß Dieterici nur die klassensteuerpflichtige Bevölkerung gemeint, und die, welche Mahl- und Schlachtsteuer zahlen, nicht mitgerechnet habe. Die klassensteuerpflichtige Bevölkerung zählte nach Dieterici's Berechnung damals 14 Mill., die mahl- und schlachtsteuerpflichtige 2 Mill. Wenn also Dieterici (soll heißen: Lassalle) den Procentsatz von 14. Mill. genommen, so wird doch jeder Statistiker, der einiges Verständniß hat, auch denselben Satz auf die übrigen 2 Mill. übertragen. Leuten, die nichts verstehen und nichts lernen wollen, ist dies freilich nicht begreiflich zu machen. Ich habe manche schwere Arbeit hinter mir; wollte ich aber hier die aufräumen, das wäre für mich ein Augiasstall. (Tumult, Gelächter.)

Das ist so einer von den „Keulenschlägen" Lassalle's, mit denen er — sich selbst zermalmt.

Was sagt die Statistik und was sagen speciell Dieterici's „Mittheilungen des Statistischen Bureau"? Schlagen wir Bd. 7, Jahrg. 1854, S. 180 und 206 auf*), da finden wir, daß im Jahre 1853 der preußische Staat eine Bevölkerung von 16,869,786 Seelen zählte, davon

---

*) Auf den betreffenden Aufsatz, welcher eine statistische Uebersicht der Klassen- und classificirten Einkommensteuer für 1853 gibt, hat Lassalle sein neuestes Opus: „Die indirekte Stener und die Lage der arbeitenden Klassen" (Zürich, Meyer u. Zeller) basirt

A. in klassensteuerpflichtigen Ortschaften lebend 14,931,551,
darunter einkommensteuerpflichtig, d. h. zur ersten Klasse Lassalle's gehörend . . . . . 21,639 oder 0,145 Proc.
B. in mahl= und schlachtsteuerpflichtigen Ortschaften lebend . . 1,938,235,
darunter einkommensteuerpflichtig 22,768 oder 1,175 Proc.

Der Procentsatz war also im Jahre 1853 für die mahl= und schlachtsteuerpflichtige Bevölkerung ein achtmal höherer als für die klassensteuerpflichtige Bevölkerung. Herrn Lassalle paßt, wie später gezeigt wird, dieß nicht in seinen Kram; flugs decretirt er, daß derselbe Procentsatz für B wie für A gelten solle, und wer nicht dieser Weisung Ordre parirt, wird mit dem „Keulenschlage" zermalmt, daß er zu den „Leuten" gehöre, „die nichts verstehen und nichts lernen wollen".

Hercules=Lassalle mag, um an das Bild von „Augiasstall" anzuknüpfen, die Keule, mit welcher er seine Gegner, mehr noch sich selbst zermalmt, getrost in die Hände seiner Omphale niederlegen, um den Mord zu sühnen, den er an seinem „europäischen Rufe" begangen hat, denn wir wenden uns bereits einer zweiten (Selbst=) Zermalmung zu.

Lassalle hat unterm 1. März d. J. in seinem „Offenen Antwortschreiben" (S. 29), nachdem er Dieterici's „Mittheilungen des Statistischen Bureau" (Bd. 3, S. 243) als Quelle angegeben, sich sich in folgender Weise vernehmen lassen:

Ich setze Ihnen die Resultate dieser (der Dieterici'schen) Berechnung in wörtlicher und zahlenmäßiger Treue hierher. Hiernach besitzen von der Bevölkerung des preußischen Staats ein Einkommen über 1000 Thlr. ½ Procent der Bevölkerung.

Lassalle hat am 17. Mai den maingauer Arbeitern auch aus Dieterici's „Mittheilungen des Statistischen Bureau" (Bd. 7, S. 179) Folgendes vorgelesen:

Es sind hiernach (pro 1858) überhaupt 44,40˙ Personen zur classificirten Einkommensteuer veranlagt; nimmt man an, daß jede Person eine Familie oder einen Hausstand von 5 Personen repräsentirt, so sind dies überhaupt 222,035 Seelen und von der Gesammtbevölkerung des Staats mit 16,869,786 Seelen nur 1,31 Proc., welche als wohlhabend bezeichnet werden können.

(Beiläufig bemerkt stellt sich die Sache für 1858 so, daß von 17,739,913 Seelen Einkommensteuer 63,312 zahlten, welche 316,650 Seelen oder 1,78 Proc. der Bevölkerung repräsentiren.)

Die „wörtliche zahlenmäßige Treue" der ½ Proc. hat also gerade vom 1. März bis zum 17. Mai ausgereicht. Lassalle hatte ein=

fach übersehen, daß die Dieterici'schen Procente sich nicht auf die Gesammtbevölkerung, sondern auf die Zahl der zur Steuer veranlagten Personen (Haushaltungen und Einzelsteuernde) beziehen. Lassalle nimmt, als ob dies weiter gar nichts zu bedeuten hätte, die Revission höchst eigenhändig vor und erhöht für das Jahr 1853 seine erste Klasse von $1/2$ auf $1 3/10$ Proc. Lassalle gönnt diesen Triumph höchst großmüthig seinen Gegnern, denn seine zweite Klasse rettet seine Ehre! Er schreibt ihr $3 3/10$ Proc. zu, sodaß immer noch $95 4/10$ oder 96 Proc. für die drei untersten, in gedrückter Lage lebenden Klassen der Bevölkerung übrig bleiben, ganz seinen Ausführungen im „Offenen Antwortschreiben" entsprechend. „Sie sehen", so fährt er fort, „die Wahrheit der Thatsachen; ich werde sie fort und fort wiederhölen, nnd wenn Herr Wackernagel und die liberale Presse vor Wuth bersten. Man fälscht nur die Zahlen ꝛc."

Es hätte Lassalle doch jedenfalls stutzig machen müssen, daß, während seine erste Klasse sich um mehr als das Dreifache von $4/10$*) auf $1 3/10$ Proc. erhöht, die zweite Klasse nur von $3 1/4$ auf $3 3/10$ Proc. sich hebt; Lassalle schlüpft hurtig darüber hinweg und wirft vielmehr seinen Gegnern vor, daß sie die Zahlen fälschen. Wir werden das plumpe Becherspiel Lassalle's aufdecken, damit jeder weiß, wer die Zahlen fälscht.

Lassalle erlaubt sich die zweite Klasse seines „Offenen Antwortschreibens" (Einkommen 1000—400 Thlr. abwärts) mit einer ganz anders und viel enger abgesteckten Klasse (Einkommen 1000—500 Thlr. abwärts, dritte Hauptklasse des Gesetzes vom 1. Mai 1851, §. 9) zu vertauschen; er läßt dabei die beiden obersten Steuerstufen (die siebente und achte) der zweiten Hauptklasse**), welche nach Dieterici die Einkommen von 500—400 Thlr. abwärts umfassen, ohne darüber ein Wort zu verlieren, unter den Tisch fallen!

Ein echtes Jongleurstückchen!

In der siebenten Stufe steuerten aber 73,393, in der achten 32,721, in beiden zusammen also 106,144 Personen, welche, zu den in der III. Hauptklasse steuernden 91,530 hinzugerechnet, für die zweite Lassalle'sche Klasse (Einkommen von 1000—400 Thlr.) 197,644 Steuerzahler oder mit 5 multiplicirt 988,220 Seelen ergeben, wohl bemerkt für die klassensteuerpflichtigen Ortschaften! Hierzu sind aber nun noch die in gleicher Lage befindlichen Seelen zu rechnen, welche in mahl- und schlachtsteuerpflichtigen Ortschaften leben.

---

*) In Dieterici's „Mittheilungen des Statistischen Bureau" (Bd. III l. c.) — $0,40$!

**) Die II. Hauptklasse soll nach Dieterici (Bd. VII l. c.) die Einkommen von 250—500 Thlr. umfassen und ist in fünf Stufen (die vierte bis achte) abgestuft, von denen jede 50 Thlr. greift.

In der ersten Klasse kamen im Jahre 1853 auf 13,931,551 in klassensteuerpflichtigen Ortschaften lebenden Seelen 5 × 21,639 oder 108,195, oder 0,725 Proc., die an einem Familieneinkommen von 1000 Thlrn. und darunter participirten; dagegen auf nur 1,838,235 in mahl- und schlachtsteuerpflichtigen Ortschaften lebenden 5 × 22,768 oder 113,840, zusammen 222,035 Seelen, oder 5,875 Proc., wie auch die Tafel bei den „Mittheilungen des Statistischen Bureau", Bd. VII., S. 206, ergibt; man wird also auch in der zweiten Klasse zu den 988,220 (oder 6,6 Proc.) in klassensteuerpflichtigen Ortschaften lebenden Seelen die nach demselben Verhältniß ermittelte Quote von 1,039,779 (53,6 Proc. Seelen für die mahl- und schlachtsteuerpflichtige Bevölkerung hinzunehmen müssen, was für die Gesammtbevölkerung von 16,869,786 Seelen 2,027,999 Seelen oder 12 Proc., und nicht 3¼ Proc., wie im „Offenen Antwortschreiben" angegeben ist, ergibt.

Der dritten Klasse des „offenen Antwortschreibens" (Einkommen von 400—200 Thlr. abwärts) entsprechen die drei untern Steuerstufen (die vierte, fünfte und sechste) der zweiten Hauptklasse mit 186,945, 64,424 und 106,840, zusammen 358,209 Steuerzahlern, welche ein Fünffaches an Seelen, nämlich 1,791,045 repräsentiren; für diese läßt sich in dem Rest der mahl- und schlachtsteuerpflichtigen Bevölkerung gar keine Quote nachweisen. Und in der That, in Städten wie Berlin, Breslau, Köln, Königsberg, Magdeburg, Danzig hört es mit den Familien nach unten hin zwischen einem Einkommen von 400—200 Thlr. allmählig auf; es beginnen die Einzelexistenzen. Ein Blick auf die Miethsverhältnisse Berlins lehrt dieß in drei Zahlen. Stadtrath Hermann Duncker hat im Jahre 1857 einen Beitrag zur Statistik der berliner Wohnungsverhältnisse herausgegeben; nach demselben betrug die Gesammtzahl der Wohnungen in Berlin im Jahre 1857 87,027, darunter 11,323 oder rund 13 Proc. in einem Miethswerth von 15—30 Thlrn., und 26,887 oder rund 31 Proc. in einem Miethswerth von 31—50 Thlrn., der Rest von 56 Proc. hatte einen Miethswerth über 50 Thlr.! Daß in Städten wie die namhaft gemachten eine Familie von fünf Personen von einem Einkommen unter 100 Thlrn. gar nicht existiren kann, liegt auf der Hand; es ist zudem auch gar nicht erfindlich, welchem Erwerbszweig die betreffenden „Familienglieder" angehören sollten, da selbst der gewöhnlichste Taglöhner zu Berlin weit über 100 Thlr. im Jahr verdient und der „Arbeiter" sich mindestens 3 Thlr. per Woche steht, deßgleichen in keinem Gewerk Gesellen, die unter diesem Wochenlohn arbeiten, anzutreffen sein möchten. Familien der Lassalle'schen fünften Klasse (mit Einkommen unter 100 Thlrn.) können in den größern der Mahl- und Schlachtsteuer unterliegenden Städten gar nicht existiren; ja selbst in der vierten Klasse (Einkommen von 200—100 Thlrn.) wird die Zahl der Familien eine ziemlich geringe sein, indem man die Jahreseinnahmen des Mannes mit 150 Thlrn. im Minimum rechnen kann und die Frau bei so bewandten Umständen auch in der Ehe noch durch Arbeit Geld zu verdienen gezwungen ist.

Für die größern Städte stellt sich das Verhältniß so, daß zu Familien mit einem Einkommen unter 400 Thlrn. allerhöchstens 40 Proc. der Bevölkerung gehören, und nicht 96 Proc., wie Herr Lassalle glauben machen will. Dieß der Grund, warum in Berlin z. B. seine Agitation so gewaltig Fiasko gemacht; Lassalle hat sich eben Bevölkerungsschichten als vorhanden gedacht, die in dem von ihm vorausgesetzten Umfange überhaupt nicht existiren und von denen am allerwenigsten in den größern Städten die Rede sein kann. "Arbeiter", d. h. Leute, welche den redlichen Willen haben, zu arbeiten, gehören, sobald sie eine "Familie" begründen, nicht zu den 89 Proc. der nothleidenden Klassen des Herrn Lassalle.

Die Bevölkerung der großen Städte, z. B. Berlins, besteht zu 6 Proc. aus "Wohlhabenden", zu 53 Proc. aus Familien des sogenannten mittlern Bürgerstandes, wozu namentlich auch die meisten Beamten, Aerzte, Lehrer ꝛc. gehören, und zu 40 Proc. aus dem niedern Bürger- und Arbeiterstande (dem kleinen Handwerker, den Gehülfen, Gesellen, Fabrikarbeitern) und der dienenden Klasse, welcher nach unten zu in die verarmten Schichten der Gesellschaft, die Paupers, sich verliert, wo Almosen oder Verbrechen die Existenz fristen müssen. Wer freilich, wie Lassalle dieß in seinem neuesten Opus thut, "wirkliche" Wohlhabenheit erst von 2000 Thlrn. Einkommen an rechnet und den Consum von Austern und Champagner als Maßstab dafür betrachtet, mit dem ist weiter nicht zu rechten.

Lassalle ist übrigens auch in dieser seiner sogenannten "Magenfrage" keineswegs Original. Es gibt ein Werk von Friedrich Engels: "Die Lage der arbeitenden Klasse in England" (Leipzig, Otto Wiegand, 1848), welches dieselbe Feindschaft gegen die "Bourgeoisie" athmet, die Herr Lassalle herauskehrt, und dieselben zum Theil sich direct widersprechenden Vorwürfe gegen die Manchesterschule schleudert, die Lassalle auf die Deutsche Fortschrittspartei wälzt. Auch die vor einer Versammlung von Arbeitern des Maingaues als mal à propos so urkomische Geschichte von der "Spinnmaschine", von deren Erfindung die den Arbeiter ruinirende Concurrenz des Kapitals herbatiren soll, ist aus der Einleitung des Engels'schen Werkes ohne jede Sachkenntniß entlehnt; denn Engels spricht von Manchester, Lassalle sprach zu einer Arbeiterversammlung, die vermuthlich keinen einzigen Maschinenspinner unter ihren Mitgliedern zählte! Engels schildert nun S. 275—277 die charakteristische Bewegung in den englischen Fabrik-Districten vom Jahre 1838. An der Spitze derselben stand das "Comité der Allgemeinen Londoner Arbeitergesellschaft" und namentlich der Präsident desselben, William Lovett. Die Volkscharte führte sechs Punkte auf, deren erster und Hauptpunkt war: "Allgemeines

Stimmrecht für jeden mündigen Mann, der bei gesundem Verstand und keines Verbrechens überführt ist". Alle sechs Punkte beschränkten sich auf die Constituirung des Unterhauses; des Oberhauses wird mit keiner Silbe erwähnt. Unter den Arbeitern wurde genau wie heute agitirt. Ein methodistischer Geistlicher, Stephens, redete eine Versammlung auf dem Kersall-Moor bei Manchester folgendermaßen an: „Der Chartismus, meine Freunde, ist keine politische Frage, wobei es sich darum handelt, daß ihr das Wahlrecht bekommt; sondern der Chartismus, das ist eine Messer- und Gabelfrage („Magenfrage" bei Lassalle); die Charte das heißt: gute Wohnung, gutes Essen und Trinken, gutes Auskommen und kurze Arbeitszeit." Engels fügt hinzu: „Bei allen Meetings dieser Epoche war der Tory Oastler mit thätig."

Lassalle hat ganz nach der bei Engels angegebenen Schablone der englischen Chartisten gearbeitet und genau mit demselben negativen Erfolg. Die chartistische Bewegung führte in England zu der allgemeinen Verbreitung der auf Selbsthülfe beruhenden Associationen; genau so wird es auch in Deutschland der Fall sein. Lassalle, der Lovett Deutschlands, wird genau dasselbe Schicksal theilen. In wenigen Jahren wird sein Name neben dem von Schulze Delitzsch nur so genannt werden, wie etwa der des Dr. Johann Eck neben dem unsers Luther — um mit einem Bild zu schließen, welches den Leipzigern aus der Geschichte ihrer Stadt geläufig ist.

Elberfeld, 1. Juni 1863.   Wilhelm Wackernagel.

Herr Wackernagel oder der moderne Herostratus.

Herr Wackernagel hat sich, ein moderner Herostrat, vorgesetzt, den Ruhm zu erringen, alle Fälschungen, die in dem gegenwärtigen Streit gegen mich vorgebracht worden, weitaus zu übertreffen und so eine Bekanntheit zu erlangen, die wir ihm nicht verweigern können.

Er hat sich zu diesem Zweck eine Domäne gewählt, die sich freilich sehr dazu eignet: die Zahlendomäne, in welcher wenige Menschen bewandert und in Bezug, auf welche auch Solche, die darin vollstän=

big zu urtheilen fähig sind, sich nur höchst selten und schwer der Mühe unterziehen, die angezogenen Tabellen nachzuschlagen, die Zahlen nachzurechnen, die Argumente, auf denen sie innerlich beruhen, zu kritisiren und sich so der Entstellungen und groben Täuschungen bewußt zu werden, die man mit einer staunenswerthen Dreistigkeit verübt.

Zwar, ich habe bereits in meiner Frankfurter Rede die Entstellungen und positiven Unwahrheiten des Hrn. Wackernagel hinreichend dargethan und nunmehr nicht mit statistischen Durchschnittsberechnungen, sondern mit positiven, den amtlichen Steuerlisten entnommenen Zahlen bewiesen, daß höchstens $1{,}_{31}$ Procent der Gesammtbevölkerung Preußens über 1000 Thlr. Einkommen und, diese eingerechnet, nur $4^6/_{10}$ Procent der Bevölkerung Preußens ein Einkommen von 500 Thlrn. und darüber — und zwar ausdrücklich auf die Familie von 5 Köpfen gerechnet — genießen.

Der dort und resp. zum Theil noch ausführlicher in meiner neuesten Schrift „Die indirekte Steuer und die Lage des Arbeiterstandes" geführte Nachweis ist von einer Schärfe und Positivität, welche jeder Verdrehung spottet.

Aber Herrn Wackernagel läßt sein böses Gewissen und sein Ruhmesdurst nicht schlafen! Er hat aus den Zeitungen von meiner Frankfurter Rede gehört und beeilt sich, derselben mit einem Aufsatz „Lassalle und die Statistik" in der Deutschen Allgemeinen Zeitung vom 7. Juni zuvorzukommen, der Satz für Satz so voll ist von den widerlichsten Unwahrheiten, Entstellungen und Verdrehungen, daß die Ueberwindung des Ekels, die zu einer Beantwortung erforderlich, wahrlich eine harte Aufgabe ist.

Gleichwohl wollen wir uns zum Besten der Sache dazu entschließen.

Erster Punkt. Herr Wackernagel wirft mir vor, daß ich die Einkommensprocentsätze der klassensteuerpflichtigen Bevölkerung (circa 15 Millionen) im allgemeinen Durchschnitt auch auf die schlacht- und mahlsteuerpflichtige Bevölkerung (nicht 2 Millionen) anwende. Dieser Angriff bezeugt nur die Unwissenheit des Herrn Wackernagel. Es ist dieß statistisch ganz üblich. Beweis: Geheimrath Dieterici Statistisches Bureau Bd. II. p. 117: „Man könnte versucht werden, nach der Klassensteuer-Veranlagung pro 1846 überhaupt das Einkommen oder den Besitzstand der Familienväter und der selbständigen Einzelnen im preußischen Staat abzuschätzen, wenn man die in jeder Klassensteuerstufe Steuernden auch auf die Mahl- und Schlachtsteuerpflichtigen anwendete ꝛc."

Reicht Ihnen dieser Beweis hin, Herr Wackernagel? Wenn nicht, so werfen Sie einen Blick in die Staatsschrift des k. preußischen Finanzministeriums, welche den Kammern bei der ersten Vorlegung des jetzigen Einkommensteuergesetzes überreicht wurde, durch welches ursprünglich auch in den mahl= und schlachtsteuerpflichtigen Bezirken die Klassensteuer eingeführt werden sollte (Nr. 172 der Druck= sachen der 2ten Kammer, 1849). Es heißt daselbst (p. 35): „Den einzigen, wenigstens einigermaßen sichern Anhaltspunkt für die Berechnung des zu erwartenden Einkommensteuer=Ertrages gewäh= ren die bisherigen Klassensteuerlisten, indem diese die Anzahl der steuerpflichtigen Haushaltungen und Personen in den seither klassen= steuerpflichtigen Ortschaften und deren nach allgemeinen Merkmalen geschätzten Vermögensverhältnisse nachweisen und daraus nach dem Bevölkerungsverhältnisse für die mahl= und schlacht= steuerpflichtigen Städte sich annähernd ermitteln läßt, wie sich in letzteren das Ertragsverhältniß der neuen Steuer etwa gestalten möchte."

Zweiter Punkt. Ich hatte in meinem „Antwortschreiben" gesagt, daß ich in „wörtlicher und zahlenmäßiger Treue" die von Dieterici Bd. IV. p. 226 auf Grund des alten Klassensteuergesetzes berechneten Resultate mittheile. Nach diesen hatte:

„½ Procent der Bevölkerung ein Einkommen von über 1000 Thlr."

Wenn ich dort der größeren Kürze halber diese Dietericische Be= rechnung mittheilte, so ging ich in meiner Frankfurter Rede auf die ausführliche Berechnung nach den im Bd. VII. p. 179 sqq. des statistischen Bureau's auf Grund des neuen Einkommensteuergesetzes von 1851 veröffentlichten Steuerlisten pro 1853 ein. Nach diesen gibt es in ganz Preußen 44,407 Personen, die über 1000 Thlr. Einkommen haben. Dieterici macht daselbst zu dieser Liste die Be= merkung: „Es sind hiernach überhaupt 44,407 Personen zur klassi= ficirten Einkommensteuer veranlagt; nimmt man an, daß jede Person eine Familie oder einen Hausstand von 5 Personen repräsentirt, so sind dieß überhaupt 222,035 Seelen und von der Gesammtbevölke= rung des Staats mit 16,869,786 Seelen nur $1{,}31$ Proc., welche als wohlhabend bezeichnet werden können."

Dieß hatte ich in Frankfurt citirt und Herr Wackernagel ruft nun unter Abdruck desselben aus: „Die „„wörtliche zahlenmäßige Treue"" der ½ Proc. hat also gerade vom 1. März bis zum 17. Mai ausgereicht."

Welcher Unsinn! Beidemal citire ich, und beidemal kann sich also die „wörtliche, zahlenmäßige Treue" nur auf die Texte bezie= hen, die ich citire. Ueberdieß, was ist denn für die hier in Betracht kommende Frage für ein Unterschied, ob ½ Proc. oder $1{,}31$ Proc. Wohlhabende im ganzen Staat existiren? Für wen schreiben Sie denn eigentlich, Herr Wackernagel, daß Sie solchen Blödsinn vorbrin= gen? Endlich habe ich ja schon in Frankfurt darauf aufmerksam gemacht, daß diese Zahl von $1{,}31$ Procent, zu der Dieterici nur ge= langt, indem er die Zahl der 44,407 Steuerpflichtigen mit 5 multi=

plicirt, noch viel zu groß ist, da viele Einzelsteuernde darunter und da besonders auch die Familien in den höheren Ständen durchaus nicht, wie dieß beim ganzen Volksdurchschnitt üblich ist, auf fünf Personen angenommen werden können.

Herr Wackernagel aber fährt unmittelbar fort: „Lassalle hatte einfach übersehen, daß die Dieterici'schen Procente sich nicht auf die Gesammtbevölkerung, sondern auf die Zahl der zur Steuer veranlagten Personen (Haushaltungen und Einzelsteuernde) beziehen." Dieser Satz ist völlig sinnlos. Soll er darauf gehen, daß ich von der klassensteuerpflichtigen Bevölkerung im Ganzen auf die mahlsteuerpflichtige fortschließe? Dann ist er durch Punkt 1 widerlegt. Oder soll er darauf nicht gehen, so hat er gar keinen Sinn. Denn Haushaltungen und Einzelnsteuernde bilden doch eben die steuerpflichtige Gesammtbevölkerung!

Herr Wackernagel fährt unmittelbar fort: „Lassalle nimmt, als ob dieß weiter gar nichts zu bedeuten hätte, die Revision höchst eigenhändig vor und erhöht für das Jahr 1853 seine erste Klasse von $1/2$ auf $1^3/_{10}$ Procent." Herr Wackernagel, ich habe gar keine Revision vorgenommen, da ich hierbei beidemal nur Dieterici citirt habe. Und überdieß ist es ganz richtig, daß die Revision von $1/2$ Procent auf $1^3/_{10}$ Procent — welche letztere Zahl offenbar, wie schon bemerkt, noch viel zu hoch ist, in der That „weiter gar nichts zu bedeuten hätte."

Sie sagen ferner: „Es hätte Lassalle doch jedenfalls stutzig machen müssen, daß, während seine erste Klasse sich um mehr als das Dreifache von $4/_{10}$ (müßte in Wahrheit heißen: um mehr als das Zweifache von $1/2$, wie ich im „Antwortschreiben" nach Dieterici Bd. IV. p. 226 citirt habe) auf $1^3/_{10}$ Procent erhöht, die zweite Klasse nur von $3^1/_4$ auf $3^3/_{10}$ Procent sich hebt. Lassalle schlüpft hurtig darüber hinweg und wirft vielmehr seinen Gegnern vor, daß sie die Zahlen fälschen."

Nein, Herr Wackernagel, dabei ist in der That nicht das Geringste, was mich oder irgend einen Andern, der nicht fälschen will, hätte stutzig machen können!

Die $1/2$ Procent beruhen auf den Steuerlisten nach dem Steuergesetz von 1820. Die $1^3/_{10}$ Procent auf den Steuerlisten nach dem neuen Einkommensteuergesetz vom 1. Mai 1851, und an und für sich würde also schon nicht der geringste Grund zur Verwunderung vorliegen, wenn zwei verschiedene Steuergesetze auch eine noch dazu so äußerst geringfügige Verschiedenheit in ihren Resultaten ergeben. Zudem aber ist bekanntlich das neue Einkommensteuergesetz von 1851 ausdrücklich zu dem Zweck erlassen worden, bei den gesteigerten Finanzbedürfnissen des Staates gerade die besitzenden Klassen stärker heranzuziehen. Es ist in den Motiven des Gesetzwurfes ausdrücklich ausgesprochen, daß dieß früher nicht möglich gewesen, weil dadurch, daß früher der **höchste** Steuersatz 144 Thlr. gewesen, die einschätzenden Behörden sich in einem gewissen natürlichen Billigkeitsgefühl hätten abhalten lassen, die bloß Wohlhabenderen nach ihren wirklichen Vermögensverhältnissen einzuschätzen. Jetzt sollte durch die weit articulirteren Stufen des neuen Gesetzes dieser Uebelstand beseitigt werden. Jetzt **sollte** von den Behörden ganz anders eingeschätzt werden und **wurde** von ihnen ganz anders eingeschätzt. Eine Vermehrung der gerade zur ersten Klasse, d. h. zu einem Einkommen von über 1000 Thlr. eingeschätzten Personenzahl war also einer der **Hauptzwecke** des Gesetzes und seine natürliche Wirkung. Eine neu hinzukommende nur sehr mäßige Personenzahl mußte nun aber bei der erstaunlich geringen Personenzahl der zur ersten Steuerklasse (zur sog. **klassifizirten** Einkommensteuer) Gehörigen schon eine sehr bedeutende **Multiplication** des früheren Procentsatzes der zu dieser Stufe gehörigen Bevölkerung hervorbringen. Gehörten früher nur $\frac{1}{2}$ Procent der Bevölkerung in diese Einkommensklasse und kamen jetzt nur $\frac{8}{10}$ Procent hinzu, wie dieß Beides der Fall, so gab das nun $1\frac{3}{10}$ Procent und somit freilich weit mehr, als eine **Verdopplung** des früher zu dieser Einkommensklasse gehörigen Procentsatzes der Bevölkerung.

In Bezug auf die **andern** Klassen des Steuergesetzes (also auf die Klassen von **unter 1000 Thlr.** Einkommen) wurde aber eine derartige Vermehrung der zu ihnen gehörigen Zahl von Steuerpflichtigen in solchem Umfange gar nicht erzielt! Es mußte sogar nach **einer Seite hin** eine Verminderung derselben eintreten, indem jetzt eben Viele, die früher zu **diesen** Klassen gehörten, jetzt zur **klassificirten Einkommensteuer** hinaufgerückt werden sollten. Und endlich würde sogar eine Vermehrung um eine ähnliche Personenzahl, wie die, welche in der ersten Klasse eine Verdopplung bewirkte, in den andern Klassen bei der weit größeren von ihr umfaßten Personenzahl nur eine unendlich geringfügigere Steigerung ihres früheren Procentsatzes zur Bevölkerungszahl haben ergeben können.

Sie mögen und müssen ein sehr beschränkter Mensch sein, Herr Wackernagel! Aber so beschränkt Sie auch sein mögen — diese einfachen, elementaren Thatsachen konnten Ihnen nicht entgehen, und es ist daher nur Sucht, zu entstellen und zu verdrehen, wenn Sie darüber „stutzig" zu werden behaupten, daß sich Etwas positiv zeigt, was sich schon apriorisch im Allgemeinen gar nicht anders zeigen konnte.

Dritter Punkt. Aber Sie fahren unmittelbar also fort: „Wir werden das plumpe Becherspiel Lassalle's aufdecken, damit Jeder weiß, **wer die Zahlen fälscht.** (Haben Sie Acht, Herr Wackernagel! Sie beschuldigen **mich** der Fälschung! Durch diesen Vorwurf zwingen Sie mich zu dem harten Zeitopfer, Ihren Wortschwall zu widerlegen und — da es zum letztenmal geschieht — ausführlich zu widerlegen. Ohne diesen Vorwurf würde ich es dem Leser überlassen haben, sich von selbst über Ihren Unsinn aufzuklären. Stellt sich also bei dieser Untersuchung heraus, daß die Sache umgekehrt steht, daß Sie es sind, der lügt und fälscht, so werde ich Ihnen eine unerbittlich strenge Lection geben!) Lassalle erlaubt sich, die zweite Klasse seines „Offenen Antwortschreibens" — Einkommen von 1000 —400 Thlrn. abwärts — mit einer ganz anders und viel enger abgesteckten Klasse — Einkommen von 1000—500 Thlrn. abwärts, dritte Hauptklasse des Gesetzes vom 1. Mai 1851, §. 9 — zu vertauschen; er läßt dabei die beiden obersten Steuerstufen (die siebente und achte der zweiten Hauptklasse), welche nach Dieterici die Einkommen von 500—400 Thlr. abwärts umfassen, ohne darüber auch nur ein Wort zu verlieren, unter den Tisch fallen! Ein echtes Jongleurstückchen!"

Auf diese unermüdlichen Verdrehungen werde ich Ihnen eine doppelte Antwort geben.

Erstens: In meinem „Antwortschreiben" habe ich nicht berechnet, sondern durch den Umfang einer Broschüre von 2½ Bogen genöthigt, die kürzeste, in wenige Zeilen wiederzugebende Berechnung eines angesehenen und mit amtlichen Hülfsmitteln operirenden Statistikers mitzutheilen, jene Dietericische Berechnung pro 1850 abgedruckt, welche noch auf dem alten Klassensteuergesetz von 1820 beruhend, diese ihren Grundlagen gemäß in fünf Klassen geordnet ist, von denen die erste das Einkommen von über 1000 Thlr. und die zweite ein Einkommen von 400—1000 Thlr. umfaßt.

In meiner Frankfurter Rede — und ebenso in meiner neuesten bereits gedruckten Schrift „Die indirecte Steuer und die Lage der arbeitenden Klassen", die Sie kennen, da Sie dieselbe citiren, gehe ich nun dazu über, freilich mit einem ganz andern Aufwand von Raum, selbst zu berechnen. Und natürlich berechne ich nun auf Grund des neuen Steuergesetzes von 1851 und seiner vom Staat pro 1853 veröffentlichten Resultate. Natürlich muß ich mich daher nun auch an die Klassensätze und Eintheilungen des neuen Gesetzes halten. Ist Ihnen das einleuchtend, Herr Wackernagel? Das neue Gesetz zerfällt in die klassifizirte Einkommensteuer und in die Klassensteuer, welche wieder in drei Hauptklassen mit 12 Stufen in aufsteigender Linie zerfällt. Für die klassifizirte Einkommensteuer steht durch das Gesetz selbst fest, wie groß die zu ihr heranzuziehenden Einkommen sein sollen; bei der Klassensteuer ist dieß für die dritte Hauptklasse derselben — zerfallend in die Stufen 9, 10, 11 und 12 — durch die Circular-Verfügung des k. Finanzministeriums vom 8. Mai 1851 festgestellt. Dieselbe verordnet, daß eingeschätzt werden sollen:

zur 12. Stufe Diejenigen, die ein Einkommen haben von
1000—900 Thlrn.,

zur 11. Stufe Diejenigen, die ein Einkommen haben von
900—800 Thlrn.,
zur 10. Stufe Diejenigen, die ein Einkommen haben von
800—650 Thlrn.,
zur 9. Stufe Diejenigen, die ein Einkommen haben von
650—500 Thlrn.

Von da ab sind für die unteren Stufen (1—8 incl.) keine zahlenmäßig bestimmten Einkommenssätze mehr festgestellt, welche bestimmen, wie viel das zu jeder Stufe heranzuziehende Einkommen betragen soll. Gesetz und amtliche Circularverfügung gehen also nur bis zu einem Einkommen von 500 Thlrn. hinunter. Was wundert Sie also, Herr Wackernagel, daß, wo es sich um zahlenmäßige Berechnung handelt, auch ich nicht weiter gehen kann? Und wie können Sie es ein „Jongleurstückchen" nennen, wenn ich nicht mit subjectiven, arbiträren Schätzungen kommen und also nicht weiter gehen will, als der positive Boden des Gesetzes und der amtlichen Verordnungen reicht?

Aber ferner: Alles das wußten Sie zufällig auch, denn alle diese thatsächlichen Angaben sind in dem in Bd. VII. des statistischen Bureau's p. 170 sqq. von Dieterici veröffentlichten Aufsatz zu lesen, den ich in meiner Frankfurter Rede und in meiner neuesten Schrift „die indirecte Steuer ꝛc." bereits angezogen habe. Früher kannten Sie diesen Aufsatz zwar nicht, denn sonst würden Sie nicht den greulichen Unsinn Ihrer Broschüre haben zusammenschreiben können, würden nicht mit einer alten Standestabelle herbeigekommen sein, um die Einkommensverhältnisse zu arbitriren ꝛc. Jetzt aber haben Sie von ihm aus jenen meinen beiden Reden erfahren und citiren ihn in Folge dessen selbst. Jetzt kennen Sie ihn also. Und da Sie ihn, und aus ihm die eben angeführten Thatsachen, kennen — wo nehmen Sie die Schaam- und Gewissenlosigkeit her, von einem „Jongleurstückchen" zu sprechen, weil ich mich nicht in Muthmaßungen verlieren und den positiven Boden officieller Feststellungen nicht überschreiten will?

Aber noch mehr! —

Dieterici macht in diesem Artikel (Bd. VII. p. 175) eine ungefähre Annahme, wie hoch sich wohl das Einkommen der untern Stufen belaufen mögen, deren Einkommenbeträge vom Finanzministerium nicht festgestellt sind. Auf diese Annahmen Dieterici's berufen Sie sich jetzt, indem Sie dieselben, wie ich später zeigen werde, gründlich fälschen. Aber gerade Sie haben in Ihrer früheren Broschüre die Annahmen Dieterici's über die Einkommenbeträge, die den alten Klassensteuerstufen entsprechen mögen, als ganz willkürliche und nichts beweisende verworfen. Gerade mit aus dem Grunde, um solchen Wadenkneifern, wie Sie, nicht den geringsten Anlaß zum Bellen zu geben, beschloß ich bei meinem neuen, genau eingehenden

Berechnungsnachweis mit Vermeidung aller arbiträren Annahmen mich nur an officiell feststehendes Material zu halten. Und nun nennen Sie das ein „Jongleurstückchen"?

Zweitens aber: Für wie blödsinnige Leser schreiben Sie denn eigentlich, Herr Wackernagel? Was macht es denn für die hier in Rede stehende Frage, für die sociale Frage, für einen Unterschied, ob ich nachweise wieviel Procente der Bevölkerung auf eine Familie von 5 Köpfen 500 Thaler oder 400 Thaler Einkommen haben? Doch nicht den geringsten, Herr Wackernagel! Hängt sich für Sie an die Zahl von 400 Thaler ein besonderes mystisches Gewicht? Darüber werden Sie ja Niemand täuschen können, Herr Wackernagel, daß auch Solche, die 500 Thaler Jahreseinnahme auf eine Familie von 5 Köpfen haben, zu den unbemittelten Classen, zu den Leuten in „gedrückter, dürftiger Lage" gehören! Wäre also bewiesen, was ich in meiner Frankfurter Rede bewiesen habe, daß nur über 4 Proc. der Bevölkerung ein Einkommen von 500 Thaler und darüber und also über 95 Proc. der Bevölkerung ein Einkommen von unter 500 Thaler auf die Familie von 5 Köpfen haben, so wäre reichlich Alles bewiesen, was ich in meinem „Antwortschreiben" gesagt habe: „89—96 Proc. in gedrückter, dürftiger Lage." —

Vierter Punkt. Nun aber kommen wir erst zur Hauptsache! Sie schicken Sich nun Ihrerseits an, zusätzlich zu meiner Berechnung der Procentzahl der Bevölkerung, welche bis 500 Thaler Einnahme abwärts hat, und resp. diese noch berichtigend berechnen zu wollen, wieviel Procent 500—400 Thaler Einnahme haben. Und Sie fahren daher unmittelbar nach den zuletzt angeführten Worten: „Ein echtes Jongleurstückchen" fort, wie folgt: „In der 7ten Stufe steuerten aber 73,383, in der 8ten 32,721, in beiden zusammen also 106,144 Personen, welche zu den in der 3. Hauptklasse steuernden 91,530 hinzugerechnet, für die zweite Lassalle'sche Classe (Einkommen von 1000-400 Thlr.) 197,644 Steuerzahler oder mit 5 multiplicirt 988,220 Seelen ergeben, wohl bemerkt für die classensteuerpflichtigen Ortschaften! Hierzu sind aber nun noch die in gleicher Lage befindlichen Seelen zu rechnen, welche in mahl- und schlachtsteuerpflichtigen Ortschaften leben." —

„In der ersten Classe kamen im Jahr 1853 auf 149,311,551 in classensteuerpflichtigen Ortschaften lebende Seelen $5 \times 21,639$ oder 108,195 oder $0{,}725$ Proc., die an einem Familieneinkommen von 1000 Thlrn. und darunter (Druckfehler, soll heißen: darüber) participirten; dagegen auf nur 1,938,235 in mahl- und schlachtsteuerpflichtigen Ortschaften lebenden $5 \times 22,768$ oder 113,840 (zusammen 222,035 Seelen), oder $5{,}875$ Proc., wie auch die Tafel bei den „Mittheilungen des Statistischen Bureau" Bd. VII, S. 206 ergibt; man wird also auch in der 2ten Classe zu den 988,220 (oder $6{,}6$

Proc.) in classensteuerpflichtigen Ortschaften lebenden Seelen die nach demselben Verhältniß ermittelte Quote von 1,039,779 (53,₆ Proc.) Seelen für die mahl= und schlachtsteuerpflichtige Bevölkerung hinzunehmen müssen, was für die Gesammtbevölkerung von 16,869,786 Seelen 2,027,999 Seelen oder 12 Proc., und nicht 3¼ Proc. wie im „Offenen Antwortschreiben" angegeben ist, ergibt."

In dieser interessanten Berechnung sind zwei **Fälschungen** enthalten, die ich Ihnen jetzt nachweisen werde.

1) Zunächst: Wie kommen Sie zu Ihren **Classensteuerzahlen**? Sie greifen dieselben ganz richtig aus dem im VII. Bd. des Statist. Bureaus publicirten Aufsatz, den ich Ihnen angezeigt habe. Und zwar ist die Zahl von 91,530 Personen (Anzahl der zur 3ten Steuerhauptclasse Stufe 12—9 Gehörigen, Einkommen von 1000—500 Thlr. laut der oben bezogenen Verfügung des Finanz= Ministerii) ganz richtig und bereits in meiner Frankfurter Rede **berechnet**. Sie wollen aber noch weiter gehen und bis 400 Thlr. Einkommen hinab berechnen. Zu diesem Zweck führen Sie die clas= sensteuerpflichtigen der siebenten Stufe mit 32,721 und der **siebenten Stufe mit 73,393 Personen** auf, den Zahlen nach wiederum ganz richtig. Aber wer sagt Ihnen, daß die Steuerpflichtigen **dieser siebenten Stufe** (die der achten müssen es allerdings) noch 400 Thlr. Einkommen haben? Sie berufen Sich dabei auf Annah= men Dieterici's. Sie sagen: „Er (Lassalle) läßt dabei die obersten Steuerstufen, die siebente und achte der zweiten Hauptklasse, welche nach **Dieterici** die Einkommen von 500—400 Thlr. abwärts um= fassen, unter den Tisch fallen." Und in einer Anmerkung hierzu sa= gen Sie noch bestimmter: „Die zweite Hauptclasse soll nach Dieterici (Bd. IIV, l. c.) die Einkommen von 250—500 Thlr. umfassen und ist in fünf Stufen (die vierte bis achte) abgestuft, von denen **jede 50 Thaler greift."**

Muß das nicht für jeden Menschen den Schein erregen: Die= terici nehme an, daß jede dieser fünf Stufen **50 Thaler greift**, und Dieterici nehme also an, daß auch noch die zur **siebenten** Stufe Gehörigen ein Einkommen von 400 Thaler haben müssen?

Aber Dieterici sagt keineswegs das, was Sie ihn **sagen lassen!**

Die Worte, in denen er diese ganz ungefähre, diesmal auf keine Berechnung gegründete Annahme äußert, lauten (Bd. VII, p. 175): „Es umfaßt diese Classe, wenn man ungefähre Geldbeträge gern in der Auffassung haben will, etwa die Männer, welche in drei Abstu= fungen Einnahme haben, von jährlich 250—309 oder 320 Thlr.; 320 bis 400 Thlr.; 400—500 Thlr."

Dieterici sagt also **kein Wort** davon, daß „**jede der 5 Stufen dieser Classe 50 Thaler greift!**" Er zerlegt sie in 3 Abstufungen, von denen die erste 50—70 Thlr., die zweite 80 Thlr.

und die dritte 100 Thlr. greift. Da er eine Classe von 5 Steuer=
stufen in nur 3 Einkommens=Abstufungen zerlegt, so ist es unmöglich
zu sagen, wie er sich das Verhältniß gedacht hat, ob nämlich in seine
letzte Abstufung von 400—500 Thlr. bles die letzte (8te) Stufe
dieser Classe, oder auch noch die 7te hineinfallen soll. Nach seinen
Worten, seiner Interpunctation und dem Umstande zu schließen, daß
er in aufsteigender Linie seine drei Abstufungen um immer
größere Einkommens=Unterschiede sich steigern läßt, würde vielmehr
eher geschlossen werden müssen, daß er nur die letzte (8te) Steuer=
stufe dieser Classe zu der letzten seiner Abstufungen (400—500
Thlr.) veranschlagt, und daß also die Steuerpflichtigen der sieben=
ten Stufe nach ihm zu denen gehören, welche weniger als 400
Thlr. Einkommen haben.

Sie aber machen eine ganz willkührliche und durch nichts be=
legte Annahme, erfinden daß „jede dieser fünf Stufen 50 Thlr.
greift", legen diese Annahme fälschlich und fälschend Dieterici in den
Mund, und sprechen nun von den „beiden obersten Steuerstufen
(die siebente und achte) der zweiten Hauptclasse, welche nach
Dieterici die Einkommen auf 500 — 400 Thlr. abwärts um=
fassen."

Der Grund dieser Verfahrungsweise ist der sehr einfache, daß
Sie ohne dieselbe durch nichts berechtigt gewesen wären, auch noch
die Steuerpflichtigen der siebenten Steuerstufe zu Denen zu rech=
nen, welche über 400 Thlr. Einkommen haben. Folglich hätten Sie
von den 106,144 classensteuerpflichtigen Personen, die Sie meiner
Rechnung hinzufügen wollen, um die Einkommen von 400—500
Thlr. aufzunehmen, zwei Drittheil verloren. Sie hätten die claſ=
ſenſteuerpflichtigen der siebenten Stufe d. h. 73,393 Personen ver
ſonen verloren und sich mit denen der achten Stufe d. h. 32,721
als derjenigen Anzahl classensteuerpflichtigen Personen begnügen müs=
sen, bei denen ein Einkommen von zwischen 400 und 500 Thlr. vor=
auszusehen sei. Eine so minime Zahl hätte Ihnen aber für Ihren
Zweck natürlich nur geschadet, statt genützt und so ziehen Sie denn
durch die geschilderte Verdrehung der Worte Dieterici's noch die re=
spectabelere Zahl von 73,394 Classensteuerpflichtigen herbei, die Ih=
nen dann zumal bei der gleich zu schildernden horiblen Weise, in wel=
cher Sie von den Classensteuerpflichtigen auf die Schlacht= und Mahl=
steuerpflichtigen fortschließen, helfen soll, eine erheblichere Differenz
gegen meine Rechnung zu gewinnen.

2) Jetzt also zu dieser noch weit erstaunlicheren Fälsch=
ung! Das Geheimniß, wie Sie zu Ihrer Zahl von 12 Proc. der
Bevölkerung — als ein Einkommen bis 400 Thlr. abwärts auf die
Familie von 5 Köpfen genießend — gelangen, liegt einfach in Ihren
deshalb schon oben von mir breit gedruckten Worten: „man wird
also auch in der zweiten Classe zu den 988,220 (oder 6,6 Proc.) in

classensteuerpflichtigen Ortschaften lebenden Seelen die nach demselben Verhältniß ermittelte Quote von 1,039,779 (53,6 Proc.) Seelen für die mahl- und schlachtsteuerpflichtige Bevölkerung hinzunehmen müssen, was für die Gesammtbevölkerung von 16,869,786 Seelen 2,027,999 Seelen oder 12 Proc., und nicht 3¼ Proc. wie im „Offnen Antwortschreiben" angegeben ist, ergibt."

Also „die nach demselben Verhältniß ermittelte Quote!"

Einen Augenblick Geduld, Sie erstaunlicher Rechenmeister!

Wie Sie selbst aus dem Ihnen von mir angezogenen Aufsatz im 7. Bd. des Stat. Bureaus citiren, war damals (1853) die Zahl der classensteuerpflichtigen Bevölkerung 14,931,551 Seelen und die der mahl- und schlachtsteuerpflichtigen nur 1,938,235 Seelen, und es betrug dennoch (s. Dieterici das. S. 180) die Zahl aller zur classificirten Einkommensteuer Veranlagten, also die Zahl Aller, die über 1000 Thlr. Einkommen haben in sämmtlichen classensteuerpflichtigen Ortschaften 21,639 Personen, dagegen in sämmtlichen mahl- und schlachtsteuerpflichtigen Ortschaften 22,768 Personen, also, — wie Sie überdies selbst hervorhoben — achtmal soviel als der Procentsatz in der classensteuerpflichtigen Bevölkerung beträgt.

Und nach dieser achtfachen Quote wollen Sie auch die Einkommen von 1000—400 Thlr abwärts in den mahl- und schlachtsteuerpflichtigen Ortschaften berechnen?

O, Sie Hauptfälscher!

Daß von der Handvoll Leute, die über 1000 Thlr. Einkommen haben, daß also von den zur classificirten Einkommensteuer herangezogenen 44,407 Personen im ganzen Staat eine im Verhältniß zur Bevölkerung achtmal so große Anzahl in den mahl- und schlachtsteuerpflichtigen Ortschaften wohnt, als in den classensteuerpflichtigen, kann Niemand Wunder nehmen.

In den großen Städten drängen sich alle Reichen zusammen, alle Rentiers, große Industrielle, Kaufleute, Banquiers, Central- und Provinzialbehörden, Obergerichte, Universitäten, höhere Offiziere ec. ec. Daß also von dieser Handvoll Leute eine im Verhältniß achtmal so große Anzahl in den mahl- und schlachtsteuerpflichtigen Ortschaften zu treffen ist, ist so natürlich wie nothwendig.

Und hieraus wollen Sie wirklich den Schluß machen, Herr Wackernagel, daß auch in Bezug auf die große Masse der Bevölkerung der großen Städte, dasselbe Verhältniß anwendbar sei? Daß auch die Klassensteuerstufen 12—7 incl. achtmal so stark in den großen Städten, als in den classensteuerpflichtigen Städten und Ortschaften vertreten seien?

Wo bleiben Ihnen denn bei dieser sauberen Berechnung die Fabrikarbeiter, Handwerker, Gesellen, Domestiken, kleinen Beamten und in ärmlichen Verhältnißen befindliche Kleinbürger aller Art, welche das Gros auch der Bevölkerung der großen Städte ausmachen?

Glauben Sie denn wirklich, Herr Wackernagel, daß die Arbeiter, Handwerker, kleinen Beamten, Kleinbürger ꝛc. in den großen Städten das achtfache Einkommen wie in den classensteuerpflichtigen Städten und Bezirken haben?

Sie zwingen Sich durch diesen Unsinn selbst zu sagen, daß sich für die „unteren Stufen (die vierte, fünfte und sechste) der zweiten Hauptclasse" in den großen Städten „gar keine Quote nachweisen läßt!" Sie zwingen Sich durch diesen Unsinn zu der Behauptung, daß es in den großen Städten mit den Familien von 400 Thlr. Einkommen und weniger „allmälig aufhört!"

Ich hatte in Frankfurt die Zahl der Einkommen über 1000 Thlr. nach den Steuerlisten des Staats, die sich für diesen Einkommenbetrag gleich positiv über mahl- und schlachtsteuerpflichtige wie über classensteuerpflichtige Ortschaften erstrecken, angegeben. Ebenso die Zahl der Einkommen zwischen 1000 und 500 Thlr. nach den Classensteuerlisten; und für die mahl- und schlachtsteuerpflichtigen Ortschaften (ohnehin nur der achte Theil der Gesammtbevölkerung) hatte ich nun die Zahl derselben Einkommen einfach nach dem Bevölkerungsverhältniß berechnet, indem ich durchschnittlich für jede Classensteuerstufe die verhältnißmäßig entsprechende Anzahl auch in den mahl- und schlachtsteuerpflichtigen Orten annahm, (wie oben Punkt 1. Dieterici).

Dieser Berechnungsmodus convenirt Ihnen nicht, Herr Wackernagel. Sie wissen einen viel genaueren! Sie nehmen ganz einfach das ganz anormale und ausnahmsweise Verhältniß, welches bei der classificirten Einkommensteuer, bei Einkommen über 1000 Thlr., in den mahl- und schlachtsteuerpflichtigen Orten stattfindet und stattfinden muß und legen diese Ausnahme, legen denselben achtfachen Bevölkerungsprocentsatz unbefangen als die nothwendige Regel auch bei der Classensteuer zu Grunde, wodurch Ihnen natürlich die ärmere Massenbevölkerung der großen Städte mehr weniger unter der Hand verschwindet!

O, Sie Hauptfälscher!

Man kann allerdings wohl mit Grund annehmen, daß auch in Bezug auf die höchsten und gewisse mittlere Classensteuerstufen das Verhältniß in den mahl- und schlachtsteuerpflichtigen Ortschaften günstiger sein werde, als in den bis jetzt classensteuerpflichtigen. Gleichwohl habe ich mich mit vollstem Recht in Frankfurt auf die Untersuchung dieses Unterschiedes nicht eingelassen und zwar aus drei Gründen:

1) weil nicht der geringste positive Anhaltspunkt für die zahlenmäßige Bestimmung dieses Unterschiedes existirt und man also rein zu willkührlichen, in's Blaue greifenden Annahmen seine

Zuflucht nehmen müßte; 2) weil die Differenz, die hier obwalten kann, ohnehin compensirt ist, durch die zu hohe Annahme von 5 Köpfen auf jeden Steuerpflichtigen der wohlhabenden Classen, 3) endlich, weil, auch abgesehen hiervon, das günstigere Verhältniß, welches in den mahl= und schlachtsteuerpflichtigen Ortschaften existiren könnte, auf die — achtmal so starke — Gesammtbevölkerung vertheilt, doch wieder keinen nennenswerthen Unterschied in den **Procentsätzen der Gesammtbevölkerung** hervorzubringen vermöchte, die auf jede Einkommensstufe fallen und um deren Berechnung es sich hier handelt.

Und das will ich Ihnen denn noch schließlich beweisen, Herr Wackernagel!

Als das königl. preuß. Finanzministerium den ursprünglichen Entwurf des Gesetzes vom 1. Mai 1851, der ursprünglich die Mahl= und Schlachtsteuer aufheben und im ganzen Staat die Einkommen= und Classensteuer einführen sollte, der Kammer vorlegte (Nr. 171 und 172 der Kammerdrucksachen, Bd. II, Jahr 1849) fügte es demselben eine „Berechnung des durch die einzuführende Einkommen= und Classensteuer zu beschaffenden muthmaßlichen Ertrages" bei. In dieser Berechnung macht das Finanzministerium die Annahme, daß in den mahl= und schlachtsteuerpflichtigen Ortschaften sowohl zu der classificirten Einkommensteuer als zu den höheren Stufen der Classensteuer „**dreimal mehr Steuerpflichtige**" einzuschätzen sein würden, als nach dem Bevölkerungsverhältniß bei der classensteuerpflichtigen Bevölkerung der Fall sein würde. Diese Annahme mag, da sie eine **durchschnittliche** ist, welche sowohl die classificirte Einkommensteuer — bei welcher das Verhältniß das **achtfache** ist — **als die höheren Stufen der Classensteuer umfaßt, bei welcher letzteren also das Verhältniß geringer als das dreifache sein kann, um nun dennoch im Durchschnitt mit jener achtfachen Zahl das Dreifache als Durchschnittsverhältniß zu ergeben**, im Ganzen zu treffend sein.

Vernachlässigen wir aber sogar gänzlich diesen Unterschied des von der Regierung im **Durchschnitt** von Einkommen= und Classensteuer angenommenen Verhältnisses und lassen wir immerhin das **Dreifache** als bei den bloßen hier in Rede stehenden Stufen der Classensteuer zutreffend gelten. Welches Resultat ergibt sich dann?

Zunächst: Betrachten Sie einmal den enormen Unterschied der Berechnung, der durch ihre Verachtfachung entsteht! Das preußische Finanzministerium gelangt (s. das. S. 41) genau für eben dieselben Steuerstufen, welche Sie berechnen — und unter Voraussetzung der **dreifachen** Quote der zu denselben in den mahl= und schlachtsteuerpflichtigen Ortschaften zu veranschlagenden Personenzahl — zu dem Resultat von 213,600 **steuerpflichtigen Personen im ganzen Staat**, in mahl= und schlachtsteuerpflichtigen **und** classensteuerpflichtigen Ortschaften.

Sie aber gelangen bei Ihrer Verachtsachung dazu 1,039,779 Seelen, also dividirt durch 5, nicht weniger als 207,955 Steuerpflichtige jener Stufen blos für die mahl- und schlachtsteuerpflichtigen Ortschaften allein, also für den achten Theil der Bevölkerung anzunehmen!

O, Sie Hauptfälscher!

In Bezug auf die Anzahl der Steuerpflichtigen, welche in den mahl- und schlachtsteuerpflichtigen Ortschaften den niedrigeren Classensteuerstufen entsprechen würden, sagt das Finanzministerium einfach (S. 72): „Für die unteren Classen ist der künftige Ertrag der Classensteuer nach der Disposition des bereits allegirten §. 34 des Entwurfs einfach dadurch zu berechnen, daß den dazu jetzt schon veranlagten Haushaltungen und Einzelnen die nach dem Verhältniß der Bevölkerung der mahl- und schlachtsteuerpflichtigen Städte zu berechnende Anzahl von Haushaltungen und Einzelnen in den verschiedenen Stufen hinzugesetzt wird." Sie aber kommen dagegen nothwendig zu dem Resultat, daß es in den mahl- und schlachtsteuerpflichtigen Städten mit den Familien von 400 Thlr. und weniger überhaupt „allmählig aufhört."

O, Sie Hauptfälscher!

Doch gehen wir positiv in Ihre Berechnung ein, die dreifache Quote, jener Veranschlagung des Finanzministeriums gemäß, für die mahl und schlachtsteuerpflichtigen Orte unterstellend.

Wir werden dann sehen, welche geringfügige, das Verlassen des positiven Bodens in keiner Weise lohnende Differenz von meiner Rechnung bei der Vertheilung auf Procentsätze der Gesammtbevölkerung dies giebt.

Bei der Classensteuer giebt es wie Sie berechnen, 988,220 Seelen oder 6,6 Proc. der classensteuerpflichtigen Bevölkerung mit einem Familien-Einkommen auf 5 Personen von 1000—400 Thlr. abwärts. Nehmen wir also den dreifachen Procentsatz oder rund 19½ Procent bei der mahl- und schlachtsteuerpflichtigen Bevölkerung an (von 1,938,235 Seelen) so giebt das hier 376,952 Seelen in derselben Lage, addirt zu Ihren 988,220 Seelen = 1,365,172 Seelen oder 8 Procent der Gesammtbevölkerung des Staats, welche über 400 Thlr. Einkommen haben (außer den $1^3/_{10}$ Procent mit über 1000 Thlr.) auf eine Familie von 5 Köpfen. Ihr Widerspruch gegen die Behauptung meines „Antwortscheibens", daß „89—96 Proc. der Bevölkerung in gedrückter dürftiger Lage", würde sich also nach Ihnen auf die Behauptung reduciren, daß $1^3/_{10}$ + 8 Proc. = $9^3/_{10}$ Proc. der Gesammtbevölkerung über 400 Thlr. Einkommen auf eine Familie von 5 Köpfen haben und also, Sie Wadenkneifer!, nur $90^7/_{10}$ Proc. — statt meiner 89—96 Proc. in gedrückter, dürftiger Lage sind!

Aber erinnern Sie sich doch, Herr Wackernagel! Selbst dieses erstaunlich glänzende Resultat erlangen Sie ja nur dadurch, daß Sie, wie vorhin nachgewiesen, Dieterici's Worte fälschen, und darauf hin ohne Weiteres nach der Devise „Geschwindigkeit ist keine Hexerei" auch die siebente Steuerstufe mit 73,393 Personen zu den Einkommen über 400 Thlr. heranziehen! Wenn man dieser Geschwindigkeit mit der Sie die Worte Dieterici's verdrehen, Einhalt thut und Ihnen folglich die 73,393 Personen der siebenten Stufe streicht, so würde sich die Rechnung folgendermaßen stellen:

91,530 Personen der dritten Hauptklasse der Klassensteuer, mit einem Einkommen von 1000—500 Thlr.,

32,721 Personen der achten Stufe, Einkommen von 500—400 Thlr.,

124,251 Personen mit über 400 Thlr. Einkommen, multiplicirt mit der Familienzahl 5 = 621,255 Seelen, die in den klassensteuerpflichtigen Ortschaften ein Einkommen von 1000—400 Thlrn. abwärts auf die Familie von 5 Köpfen haben. Von der klassensteuerpflichtigen Bevölkerung von 14,931,551 Seelen sind dieß $4^2/_{10}$ Proc. Nehmen wir also jene Annahme, welche das preußische Finanzministerium nur für Einkommen= und Klassensteuer im Durchschnitt macht, sogar in Bezug auf die Klassensteuerstufen allein an und unterstellen also, daß bei der mahl= und schlachtsteuerpflichtigen Bevölkerung ein dreimal so großer Procentsatz derselben, als bei der klassensteuerpflichtigen, jene Einkommensbeträge genießt, so gäbe das $12^6/_{10}$ Proc. von 1,938,235 Seelen, oder 243,639 Seelen, welche ein Einkommen von 400 Thlrn. und darüber (bis 1000 Thlr.) auf die Familie von 5 Köpfen!

Diese 243,639 Seelen
abbirt zu jenen 621,255 Seelen

der klassensteuerpflichtigen Bevölkerung, geben 864,894 Seelen oder $5^1/_8$ Procent der Gesammtbevölkerung des ganzen Staates (16,869,786 Seelen), welche ein Einkommen von 400 Thlrn. und darüber auf die Familie von 5 Personen haben. Zu diesen $5^1/_8$ Procent hinzuaddirt die $1^3/_{10}$ Procent mit einem solchen Einkommen von über 1000 Thlr., erlangen wir im ganzen Staate noch nicht $6^1/_2$ Procent mit einem Einkommen von 400 Thlrn. und darüber.

Wenn ich also in Frankfurt berechnete, daß über 95 Procent der Bevölkerung unter 500 Thlr. Einkommen auf 5 Köpfe haben, so gelangen wir jetzt durch Sie zu dem Resultat, daß $93^1/_2$ Procent sogar unter 400 Thlr. haben! Oder wenn ich in meinem „Antwortschreiben" sagte, „89—96 Procent der Bevölkerung in gedrückter, dürftiger Lage.", so gestaltet sich das jetzt, je nachdem man nur die eine Ihrer Fälschungen oder beide beseitigt, das Resultat genau da=

hin: $90^7/_{10} - 93^1/_2$ Procent der Bevölkerung in gedrückter, dürftiger Lage mit einem Einkommen von unter 400 Thlrn. auf 5 Köpfe. *)

Ja sogar mit **allen Fälschungen** und trotz Ihrer **Verachtfachung** waren Sie nur dahin gelangt, 12 Procent der Bevölkerung mit 400—1000 Thlr. + $1^3/_{10}$ Procent mit über 1000 Thlr., zusammen $13^3/_{10}$ Procent mit 400 Thlr. und darüber herausbringen zu können. Es bleiben also sogar nach Ihnen selbst und wenn man **alle** Ihre Fälschungen geduldig hinnimmt, immer noch $86^7/_{10}$ Procent der Bevölkerung mit einem Einkommen von unter 400 Thlrn. übrig!

Ich glaube nicht, Sie Wadenkneifer, daß Ihre Brodherren es Ihnen danken werden, durch allen Widerspruch und alles Fälschen nur contradictorisch herausgestellt zu haben, wie unwiderleglich und wie unangreiflich die Angaben meines „Antwortschreibens" sind.

Vierter Punkt. Sie sagen: „Wer freilich, wie Lassabe dieß in seinem neuesten Opus thut, „„wirkliche"" Wohlhabenheit erst von 2000 Thlrn. Einkommen an rechnet und den **Consum von Austern und Champagner als Maßstab dafür** betrachtet, mit dem ist weiter nicht zu rechten."

Hier erreichen Ihre Fälschungen einen solchen Grad von Gemeinheit, daß meine Geduld mit Ihnen zu Ende geht, Herr Wackernagel! In meinem neuesten Opus „die indirecte Steuer und die Lage des Arbeiterstandes", welches Sie hier verunstalten, weise ich, der Behauptung des Staatsanwaltes gegenüber, daß ein großer Betrag der indirecten Steuern durch die auf Luxusgegenständen liegenden Steuern von den Reichen aufgebracht werde, nach, wie erstaunlich gering dieser Betrag ist. Zu diesem Zwecke betrachte ich, was die auf den verschiedenen Luxusgegenständen liegenden indirecten Steuern — Seide, Tabak, Wein, Chocolade 2c. 2c. 2c. erbringen. In der Reihe dieser Artikel führe ich auch die Zolleinkünfte von Austern und Champagner an und zeige, wie wenig die gesammte Reihe der auf Luxusgegenständen liegenden indirecten Steuern dem Staat abwirft. In einem andern Zusammenhange spreche ich von „Austern und Champagner" **gar nicht**, und das wagen Sie, unerhörter Lügner, dahin zu verdrehen, daß ich „Austern und Champagner als Maßstab für die Wohlhabenheit betrachte"?! Wo nehmen Sie den Muth zu solchen

---

*) Bei der Durchsicht dieses Aufsatzes entdecke ich soeben noch, Herr Wackernagel, daß Sie auch die Zahlen falsch citirt haben! Sie citiren aus der Tafel bei Dieterici Bd. VII, p. 206 die Bevölkerung der mahl- und schlachtsteuerpflichtigen Ortschaften auf 1,938,235 Seelen. Sie ist aber daselbst nur mit 1,825,395 Seelen angegeben. Sie profitiren also wieder 114,000 mahl- und schlachtsteuerpflichtige Seelen, was zumal bei Ihrer **Verachtfachung** — und auch schon bei der Verdreifachung der Quote — ins Gewicht fällt. Ich habe oben die von Ihnen citirten Zahlen mei-

Lügen her? Fürchteten Sie gar nicht, von mir gebrandmarkt zu werden? Rechneten Sie gar so sehr auf die schützende Macht der liberalen Presse? Sie irren sich sehr, wenn Sie glauben, daß dieß die einzige Macht ist und daß Sie im Schatten derselben alle beliebigen Infamien ungestraft verüben können! Eben so wenig habe ich die Wohlhabenheit von „2000 Thlrn. Einkommen an berechnet", sondern in einem ganz andern Sinne und Zusammenhange — nämlich wiederum im Verlauf dieser Untersuchung, ob wirklich ein erheblicher Betrag der indirecten Steuern durch die Luxusgegenstände von den wohlhabenden Klassen aufgebracht werde, in einem Zusammenhange also, welcher dem elastischen Wort „Wohlhabenheit" einen ganz andern Sinn gibt, mache ich vorübergehend die Bemerkung, daß in diesem Sinne unbestreitbar Wohlhabenheit bei 2000 Thlr. auf fünf Köpfe vorhanden sei. Und selbst da „rechne" ich nicht die Wohlhabenheit von 2000 Thlrn. ab, wie Sie sagen, sondern ich „rechne" sie — trotz jener nebenherlaufenden Bemerkung — auch in jenem neuesten Opus (p. 63) bis zu einem Einkommen von 650 Thlr. auf 5 Köpfe herab, wie ich sie in meiner Frankfurter Rede bis zu einem Einkommen von 500 Thlr. berechne.

Ich habe es Ihnen gesagt, Herr Wackernagel, Fälschung auf Fälschung, Lüge auf Lüge aufdeckend, habe ich die Geduld verloren, und wenn Sie mich zu der lästigen Arbeit gezwungen haben, Sie zu stäupen, so soll es wenigstens mit eisernem Besen geschehen!

Zudem — weßhalb sollte ich Geduld oder Mäßigung mit Ihnen beobachten? Ein Schriftsteller sind Sie nicht, sondern der obscure Scribent eines obscuren Winkelblattes, einer jener Leute, die ich in meinem „Julian" geschildert, „— — eine Bande unwissender und gedankenloser Buben, zu jeder bürgerlichen Handthierung zu schlecht, zu ignorant zum Elementarschullehrer, zu unfähig und arbeitsscheu zum Postsekretär, und eben deßhalb sich berufen glaubend, Literatur und Volksbildung zu treiben."

Aber Sie haben sich geschworen, bei dieser Gelegenheit bekannt zu werden, ein moderner Herostratus, dem es gleichgilt, wodurch er es wird! Und Sie wissen recht gut, daß, wenn erst ein Mann wie ich in solchen Koth eingetreten ist, er ihn durch keine Kratzbürste der Welt wieder von seinem Stiefel fortbringen kann. Nun wohl, Sie haben mich gezwungen, in Sie einzutreten; doch soll es wenigstens nicht Ihr Vortheil gewesen sein!

Weßhalb, ich frage nochmals, sollte ich also irgend welche Geduld oder Mäßigung gegen Sie beobachten? Ich habe gelernt, Verkehrtheit, Borniertheit und einen hohen Grad von üblem Willen ziem-

---

ner Rechnung zu Grunde gelegt und will mir nicht erst die Mühe geben, diese noch einmal umzurechnen, sonst würde also die Differenz noch geringer.

lich geduldig zu ertragen! Man wird das heutzutage wohl gewohnt!

Aber wer so beharrlich Fälschung auf Fälschung und Lüge auf Lüge häuft, gedeckt, wie er glaubt, durch die Trockenheit der Zahlenmaterie, die Unaufmerksamkeit der Leser bei solchen Gegenständen und die Gunst der liberalen Presse — wer dieß so weit treibt, daß er da, wo er fälscht, mit einer Schamlosigkeit ohne Gleichen dem Gegner Fälschung und Jongleurstückchen zur Last legt, und — ein Ding, wobei er sich nicht irren kann, — ihm in der unwürdigsten unglaublichsten Weise die Worte im Munde verdreht — wer endlich dieß Alles thut in einer so hohen und heiligen Sache, wie die Arbeiterfrage, in welcher Jeder, welche Ansichten immer er habe, wenn irgend ein Funken von Sittlichkeit in ihm ist, sich in Bezug auf alles Thatsächliche der religiösesten Wahrheitsliebe befleißigen müßte — der ist einfach ein Elender, Herr Wackernagel! Es gibt moralische Fälschungen, die schlimmer sind als Wechselfälschungen.

Mit dieser Erklärung nehme ich von Ihnen Abschied! Ich habe nach derselben Ihnen begreiflicherweise nichts mehr zu sagen. Und fälschten Sie bis an's Ende der Tage — ich werde Ihnen nie mehr eine Silbe antworten! —

Herr Wackernagel wohnt in Elberfeld. Rheinische Arbeiter! Ich übergebe diesen Mann Eurer gerechten Verachtung!

Berlin. 11. Juni 1863.